Wenn Kopf und Buch zusammenstoßen

W0231209

Zu diesem Buch

Wie war das noch? Der Held verwandelt sich in eine Heldin? Oder umgekehrt? Auf alle Fälle hieß der Titel »Petrucchio« oder »Orlando«?! Der Umschag jedenfalls war blau, blaugrau – oder grüngelb?! In seiner ironisch auf die Spitze getriebenen Betrachtung übers Bücherlesen schreibt Patrick Süßkind über ein Phänomen, das jedem nur zu vertraut ist: die Vergeßlichkeit des Lesenden. Doch der Magie des Buches und seiner immer neuen Geschichten kann sich trotzdem niemand entziehen, der einmal zum Leser geworden ist. Und möglicherweise ist es nicht zuletzt die Vergeßlichkeit, die mit immer neuer Lust zum Lesen drängt. In »Wenn Kopf und Buch zusammenstoßen« schreiben achtzehn deutschsprachige Autoren und Autorinnen von ihren Buch- und Leseerlebnissen, von wunderbaren Büchern aus ihrer Kindheit, von Büchern, die man immer schon hätte lesen sollen oder nie vergessen wird...

Thomas Tebbe, geboren 1965, lebt und arbeitet nach seinem Anglistik- und Geschichtsstudium in Marburg und Canterbury als Lektor, Herausgeber und Übersetzer in München.

Wenn Kopf und Buch zusammenstoßen

Ein Lesebuch übers Lesen

Herausgegeben von
Thomas Tebbe

Piper München Zürich

Originalausgabe
April 1998
© dieser Ausgabe:
1998 Piper Verlag GmbH, München
Umschlag: Büro Hamburg
Simone Leitenberger, Susanne Schmitt, Annette Hartwig
Umschlagabbildung: Celia Johnson / ZEFA
Gesamtherstellung: Clausen & Bosse, Leck
Printed in Germany   ISBN 3-492-22670-1

»Bücher haben Ehrgefühl.
Wenn man sie verleiht,
kommen sie nicht mehr zurück.«
Theodor Fontane

Inhalt

»Wenn ein Buch und ein Kopf zusammenstoßen
und es klingt hohl, ist das allemal das Buch?«
Georg Christoph Lichtenberg

FELICITAS HOPPE

Gesammeltes Unglück

An einem kalten schneereichen Tag im Dezember verkündete unsere Mutter, Anna Karenina werde sterben. Wie Blei liege ein Schicksal auf ihren Schultern, das unabwendbar sei. Und während wir den Schlitten zum vierten Mal den Abhang hinaufzogen, rief sie, jetzt schon unter Tränen, sie wird sich vor einen Zug werfen, ich sehe es ganz genau. Unsere schüchternen Einwände und Tröstungsversuche wies sie entschieden zurück. An Rettung, sagte sie, ist nicht zu denken, und sie behielt recht. Kurz vor Weihnachten war Anna Karenina tot, denn unsere Mutter las schnell wie eine Süchtige und gewissenhaft wie ein Beamter. Sie übersprang keine Seite, keine Zeile, kein Wort. Vorauseilende Neugier ließ sie nicht gelten. Wie das wirkliche Leben betrachtete sie die Bücher als praktische Aufgabe, als Abenteuer mit ungewissem Ausgang, als eine Art höheren Auftrag, den es auszuführen galt. Wer ihr diesen Auftrag erteilt hatte, blieb ein Rätsel, aber sobald unsere Mutter ein Buch in die Hand nahm, wurde sie von unberechenbarer Leidenschaft und ängstlicher Unruhe ergriffen, saß händeringend in der Küche und trat hin und wieder zwischen den Seiten hervor an die Haustür, als habe jemand geklopft und ihr ein Waisenkind auf die Schwelle gelegt, und sie ruhte nicht eher, als bis sie die Lektüre zu Ende gebracht hatte, ob sie ihr gefiel oder nicht. In unserem Haus gibt es keine ungelesenen Bücher.

Die Konsequenz, mit der unsere Mutter sich den Büchern unterwarf, erfüllte mich von Anfang an mit Faszination und Schrecken und einem tiefen Mißtrauen gegen die Bücher selbst. Es war klar, daß unsere Mutter an ihnen litt. Sie konnte es unmöglich allein mit ihnen aushalten, sie suchte Zeugen und Mitwisserschaft für den unglaublichen Vorgang und dachte gar nicht daran, sich in die Welt der Bücher zurückzuziehen, sich auf ferne Reisen oder in fremde Träume zu begeben, sondern zerrte statt dessen die Schicksale aus dem düsteren Jenseits der sogenannten Weltliteratur mit Gewalt hinein in das Diesseits unserer Schultage und Schlittenfahrten bis an den Mittagstisch, wo wir uns umzingelt fanden von polnischen Grafen, englischen Waisenkindern und russischen Idioten.

Beim Wäscheaufhängen und Unkrautjäten im Garten machte uns unsere Mutter, die weder für Zeitungen noch für die Nachbarschaft das geringste Interesse aufbringt, mit den wesentlichen Fragen des Lebens vertraut, mit Gott und dem Teufel, Liebe, Tod und Verrat und gebrochenen Knöcheln der Lieblingspferde von Thronfolgern. Und obwohl sie eine treue Verwalterin der ihr anvertrauten Stoffe war, wuchs ihr das Erzählte absichtslos über den Kopf, über die Erzählung hinaus und wurde so groß und so dringend, daß wir nachmittags schon wie Hunde an der Haustür lauerten und darauf warteten, daß sie sich endlich in unsere Arme hängte, um uns hinauszuführen und an frischer Luft in das nächste Kapitel einzuweihen.

Hier laufen wir und dort unsere Mutter. Wir hängen an ihren Armen und Lippen, bis sie sich plötzlich losreißt, ein Taschentuch aus dem Ärmel zieht und hoch in die Luft wirft. Die Arme nach vorne gestreckt in das kalte Nichts eines Wintertages, hören wir jetzt schon den Lärm der Schlacht, das Klirren von Schwertern und Rüstung, die Federn der Frau, den Handschuh, der lautlos zu Boden geht, den Wimpernschlag und den Tropfen im Glas, das rasche Wenden der Seiten, den Glockenschlag und den Kuß des Verräters, das Rattern der Räder der Kutsche, das Brodeln der Suppe, das Knurren der Mägen, das lange Warten hinter der Tür, bis endlich ihr Atem stehenbleibt wie eine hellgraue Fahne im Winterlicht: Nun, sagte sie, weiter bin ich noch nicht. Dann schwieg sie erschöpft und in Schweiß gebadet, und wir seufzten erleichtert im Chor und wünschten enttäuscht, sie hätte das nächste Kapitel auch schon gelesen.

Aber wir sind schon jetzt gut gerüstet und tapfer, wir fürchten weder Hunger noch Schnee, wir sind auf Entbehrung und Zahnschmerzen aus, auf harte Betten und Tee ohne Zucker. Wir möchten so leiden wie unsere Mutter oder wenigstens wie die schwindsüchtigen Frauen, die zu Hause auf unseren Fensterbänken hokken und schweigend in den Nachmittag starren wie der Gutsbesitzer, der auf dem Sofa liegt und beschließt, nie wieder aufzustehen, weil im Garten die Saat fault. Und wie leicht uns das fremde gesammelte Unglück macht. Wir sind auf alles gefaßt, denn wir haben begriffen, worauf es im Leben ankommt, weil wir wissen, was es mit Büchern auf sich hat.

Nicht daß unsere Mutter einverstanden gewesen wäre. Sie wollte Gerechtigkeit, Trost, Brei für alle, Versöhnung, Treue und Glück. Sie mußte rechten und richten und wurde nie fertig mit ihren Büchern, auch wenn sie sie längst beendet hatte. Im Gegenteil fing jetzt ihre Qual erst an. Sie wollte am liebsten von vorne beginnen, in der sinnlosen Hoffnung, sie habe das Wichtigste nur übersehen, überlesen, vielleicht falsch verstanden und werde, wenn sie nur alles gäbe, doch noch ein gutes Ende finden. Ein ungleicher Kampf, aber auch das war nur Vorwand. In Wahrheit wollte sie gar keine Schonung, die leichten, die dünnen, die freundlichen Bücher verachtete sie zutiefst. Den Trick kenne ich schon, rief sie empört, wenn sich plötzlich ein Schicksal ganz wie von selbst zwischen zwei Zeilen und ohne ihr Zutun lösen wollte. Das, sagte sie, ist nur erfunden, und sie behielt recht.

Wie mühelos unsere Mutter im unermüdlichen Erzählen der Jahre die Last der Literatur von unseren Schultern nahm. Zwar rief sie zum Schluß: DAS MÜSST IHR LESEN! oder: LEST ES NUR SELBST, IHR WERDET JA SEHN!, aber sie hatte uns längst geheilt. Wir dachten gar nicht daran, in die Welt der Bücher zurückzukehren, um auch nur eine der herrlichen Geschichten an der wahren Erzählung zu überprüfen. Keines der Bücher, die sie uns auf langen Wegen Kapitel für Kapitel ans Herz legte, habe ich später zur Hand genommen. Ich wußte mehr als genug. Ich bestand auch so jede Prüfung. Noch heute beantworte ich gern und ohne Verlegenheit sämtliche Fragen zum Text. Meine Tischherren überrasche ich mit Einzelheiten, an die sich auch der gewissenhafteste Leser nicht erinnern wird: an Mantelaufschläge und Kragenbesatz, an Tischtücher, Besteck und Rezepte, an die schillernde Augenfarbe der Sekundanten, lauter Randfiguren, die sich unvermittelt ins Zentrum drängen, ganz in die Nähe des Fensters, durch welches die Sonne auf die Klinge fällt, die der Mörder poliert. Und ohne Stocken rezitiere ich Seite für Seite gefüllt bis zum Rand unaussprechliche Namen bis ins letzte Kapitel, LEST ES NUR SELBST, IHR WERDET SCHON SEHN!

Aber ich selbst kann nicht lesen, für die schöne Literatur bin ich auf immer verdorben. Ruhelos wie ein Flüchtling wende ich Seite für Seite und überspringe aus Angst vor Enttäuschung und Langeweile hastig die Zeilen in der Hoffnung auf Rettung, auf Sätze und Worte, die meinem sinnlosen Treiben Einhalt gebieten. Aber nichts! Nur ein schwankendes stimmloses Meer in Schwarzweiß ohne Flaggen und Ausblick, bis ich endlich den Irrtum erkenne und selber beginne zu schreiben: Es ist nicht das Buch und auch nicht der Kopf, nur unsere Mutter vor uns im Schnee, die nichts ausläßt und alles hinzufügt und vorführt mit Händen und Füßen: den aufrechten Gang und das Kriechen im Graben, damit uns die Angst, die Hand im Genick, die Kugel nicht trifft, als wären wir selber der ganze Text, der Hunger, der Durst und der Abschied, die Tränen und der Zug, der an einem Tag kurz vor Weihnachten Anna Karenina endlich erfaßt und uns für immer von dieser Geschichte erlöst.

PATRICK SÜSKIND

Amnesie in litteris

... Wie war die Frage? Achsoja: Welches Buch mich beeindruckt, geprägt, gestempelt, gebeutelt, gar ›auf ein Gleis gesetzt‹ oder ›aus der Bahn geworfen‹ hätte.

Aber das klingt ja nach Schockerlebnis oder traumatischer Erfahrung, und diese pflegt der Geschädigte sich allenfalls in Angstträumen zu vergegenwärtigen, nicht aber bei wachem Bewußtsein, geschweige denn schriftlich und vor aller Öffentlichkeit, worauf, so scheint mir, bereits ein österreichischer Psychologe, dessen Name mir momentan entfallen ist, in einem sehr lesenswerten Aufsatz, an dessen Titel ich mich nicht mehr mit Bestimmtheit erinnern kann, der aber in einem Bändchen unter der Sammelüberschrift ›Ich und Du‹ oder ›Es und Wir‹ oder ›Selbst Ich‹ oder so ähnlich erschienen ist (ob neuerdings bei Rowohlt, Fischer, dtv oder Suhrkamp wiederaufgelegt, wüßte ich nicht mehr zu sagen, wohl aber, daß der Umschlag grün-weiß oder hellblau-gelblich, wenn nicht gar grau-blau-grünlich war), zu Recht hingewiesen hat.

Nun, vielleicht ist die Frage ja gar nicht nach neurotraumatischen Leseerfahrungen gerichtet, sondern meint eher jenes aufrüttelnde Kunsterlebnis, wie es in dem berühmten Gedicht ›Schöner Apollo‹ ... nein, es hieß, glaube ich, nicht ›Schöner Apollo‹, es hieß irgendwie anders, der Titel hatte etwas Archaisches, ›Junger Torso‹ oder ›Uralter schöner Apoll‹ oder so ähnlich hieß es, aber das tut nichts zur Sache ... – wie es also in diesem berühmten Gedicht von ... von ... – ich kann mich im Augenblick nicht auf seinen Namen besinnen, aber es war wirklich ein sehr berühmter Dichter mit Kuhaugen und einem Schnauzbart, und er hat diesem dicken französischen Bildhauer (wie hieß er schon gleich?) eine Wohnung in der Rue de Varenne besorgt – Wohnung ist kein Ausdruck, ein Palazzo ist das, mit einem Park, den man in zehn Minuten nicht durchmessen kann! (Man fragt sich beiläufig, wovon die Leute das damals alles bezahlt haben) – wie es jedenfalls seinen Ausdruck in diesem herrlichen Gedicht findet, das ich in seiner Gänze nicht mehr zitieren könnte, dessen letzte Zeile mir jedoch als ein ständiger moralischer Imperativ ganz unauslöschlich im Gedächtnis eingegraben steht, sie lautet nämlich: »Du mußt dein Leben ändern.« Wie verhält es sich also mit jenen Büchern, von denen ich sagen könnte, ihre Lektüre habe mein Leben geändert? Um dieses Problem zu erhellen, trete ich (es ist nur wenige Tage her) an mein Bücherregal und lasse den Blick an den Bücherrücken entlangwandern. Wie immer bei solchen Gelegenheiten – wenn nämlich von einer Spezies allzu viele Exemplare auf einem Fleck versammelt sind und sich das Auge in der Masse verliert – wird mir zunächst schwindlig, und um dem Schwindel Einhalt zu gebieten, greife ich aufs Geratewohl in die Masse hinein, picke mir ein einzelnes Buch heraus, wende mich damit ab wie mit einer Beute, schlage es auf, blättere darin und lese mich fest.

Bald merke ich, daß ich einen guten Griff getan habe, einen sehr guten sogar. Das ist ein Text von geschliffener Prosa und klarster Gedankenführung, gespickt mit interessantesten, nie gekannten Informationen und voll der wunderbarsten Überraschungen – leider will mir im Moment, da ich dies schreibe, der Titel des Buches nicht mehr einfallen, ebensowenig wie der Name des Autors oder der Inhalt, aber das tut, wie man gleich sehen wird, nichts zur Sache, oder vielmehr: trägt im Gegenteil zu ihrer Erhellung bei. Es ist, wie gesagt, ein hervorragendes Buch, was ich da in Händen halte, jeder Satz ein Gewinn, und ich stolpere lesend zu meinem Stuhl, lasse mich lesend nieder, vergesse lesend, weshalb ich überhaupt lese, bin nur noch konzentrierte Begierde auf das Köstliche und völlig Neue, das ich hier Seite um Seite entdecke. Gelegentliche Unterstreichungen im Text oder mit Bleistift an den Rand hingekritzelte Ausrufezeichen – Spuren eines lesenden Vorgängers, die ich in Büchern ansonsten nicht eben schätze – stören mich in diesem Falle nicht, denn so spannend läuft die Erzählung dahin, so munter perlt die Prosa, daß ich die Bleistiftspuren gar nicht mehr wahrnehme, und wenn ich es doch einmal tue, dann nur in zustimmendem Sinne, denn es erweist sich, daß mein lesender Vorgänger – ich habe nicht den geringsten Schimmer einer Ahnung, wer es sein könnte –, es erweist sich, sage ich, daß jener seine Unterstreichungen und Exklamationen just an jenen Stellen angebracht hat, die auch mich am stärksten begeistern. Und so lese ich, von der überragenden Qualität des Textes und der spirituellen Kumpanei mit meinem unbekannten Vorgänger doppelt beflügelt, weiter, tauche immer tiefer in die erdichtete Welt, folge mit immer größerem Erstaunen den herrlichen Pfaden, auf denen der Autor mich führt ...

Bis ich an eine Stelle komme, die wohl den Höhepunkt der Erzählung bildet und die mir ein lautes »Ah!« entlockt. »Ah, wie gut gedacht! Wie gut gesagt!« Und ich schließe für einen Moment die Augen, um dem Gelesenen nachzusinnen, das mir gleichsam eine Schneise in das Wirrwarr meines Bewußtseins geschlagen hat, mir völlig neue Perspektiven eröffnet, neue Erkenntnisse und Assoziationen zuströmen läßt, ja mir tatsächlich jenen Stachel des »Du mußt dein Leben ändern!« einsticht. Und automatisch fast greift meine Hand zum Bleistift, und »du mußt dir das anstreichen«, denke ich, »ein ›Sehr gut‹ wirst du an den Rand schreiben und ein dickes Rufzeichen dahintersetzen und mit ein paar Stichworten die Gedankenflut notieren, die die Passage in dir ausgelöst hat, deinem Gedächtnis zur Stütze und als dokumentierte Reverenz an den Autor, der dich so großartig erleuchtet hat!«

Aber ach! Als ich den Bleistift auf die Seite niedersenke, um mein »Sehr gut!« hinzukritzeln, da steht dort schon ein »Sehr gut!«, und auch das stichworthafte Resümee, das ich notieren will, hat mein lesender Vorgänger bereits verzeichnet, und er hat es in einer Handschrift getan, die mir wohlvertraut ist, nämlich in meiner eigenen, denn der Vorgänger war niemand anders als ich selbst. Ich hatte das Buch längst gelesen.

Da faßt mich ein namenloser Jammer an. Die alte Krankheit hat mich wieder: *Amnesie in litteris*, der vollständige literarische Gedächtnisschwund. Und eine Welle der Resignation über die Vergeblichkeit allen Strebens nach Erkenntnis, allen Strebens schlechthin überschwemmt mich. Wozu denn lesen, wozu denn etwa dieses Buch noch einmal lesen, wenn ich doch weiß, daß nach kürzester Zeit nicht einmal mehr der Schatten einer Erinnerung davon zurückbleibt? Wozu denn überhaupt noch etwas tun, wenn alles zu nichts zerfällt? Wozu denn leben, wenn man ohnehin stirbt? Und ich klappe das schöne Büchlein zu, stehe auf und schleiche wie ein Geschlagener, wie ein Geprügelter zum Regal zurück und versenke es in der Reihe der anonym und massenhaft und vergessen dastehenden anderen Bände.

Am Ende des Bordes bleibt der Blick hängen. Was steht da? Achja: drei Biographien über Alexander den Großen. Die habe ich einst alle gelesen. Was weiß ich über Alexander den Großen? Nichts. Am Ende des nächsten Bordes stehen mehrere Konvolute über den Dreißigjährigen Krieg, darunter fünfhundert Seiten Veronica Wedgwood und tausend Seiten Wallenstein von Golo Mann. Das habe ich alles brav gelesen. Was weiß ich über den Dreißigjährigen Krieg? Nichts. Die Regalreihe darunter ist von vorn bis hinten vollgestopft mit Büchern über Ludwig II. von Bayern und seine Zeit. Die habe ich nicht nur gelesen, die habe ich durchgeackert, über ein Jahr lang, und anschließend drei Drehbücher darüber geschrieben, ich war beinahe eine Art Ludwig-II.-Experte. Was weiß ich jetzt noch über Ludwig II. und seine Zeit? Nichts. Absolut nichts. Nun gut, denke ich mir, bei Ludwig II. läßt sich diese Totalamnesie vielleicht noch verschmerzen. Aber wie verhält es sich mit den Büchern, die dort drüben stehen, neben dem Schreibtisch, in der feineren, der literarischen Abteilung? Was ist mir im Gedächtnis geblieben von der fünfzehnbändigen Andersch-Kassette? Nichts. Was von den Bölls, Walsers und Koeppens? Nichts. Von den zehn Bänden Handke? Weniger als nichts. Was weiß ich noch von Tristram Shandy, was von Rousseaus Bekenntnissen, von Seumes Spaziergang? Nichts, nichts, nichts. – Aber da! Shakespeares Komödien! Letztes Jahr erst sämtlichst gelesen. Da muß doch etwas hängengeblieben sein, eine undeutliche Ahnung, ein Titel, ein einziger Titel einer einzigen Komödie von Shakespeare! Nichts. – Aber um

Himmels willen, Goethe, wenigstens Goethe, da, hier zum Beispiel, das weiße Bändchen: ›Die Wahlverwandtschaften‹, das habe ich mindestens dreimal gelesen – und keinen Schimmer mehr davon. Alles wie weggeblasen. Ja gibt es denn kein Buch mehr auf der Welt, an das ich mich erinnere? Die beiden roten Bände dort, die dicken mit den roten Stoffähnchen, die muß ich doch noch kennen, die kommen mir vertraut vor wie alte Möbel, die habe ich gelesen, gelebt habe ich in diesen Bänden, wochenlang, vor gar nicht allzu langer Zeit, was ist denn das, wie heißt denn das? »Die Dämonen«. Soso. Aha. Interessant. – Und der Autor? F. M. Dostojewskij. Hm. Tja. Mir scheint, ich erinnere mich vage: Das Ganze spielt, glaube ich, im 19. Jahrhundert, und im zweiten Band erschießt sich jemand mit einer Pistole. Mehr wüßte ich darüber nicht zu sagen.

Ich sinke auf meinen Schreibtischstuhl nieder. Es ist eine Schande, es ist ein Skandal. Seit dreißig Jahren kann ich lesen, habe, wenn nicht viel, so doch einiges gelesen, und alles, was mir davon bleibt, ist die sehr ungefähre Erinnerung, daß im zweiten Band eines tausend Seiten starken Romans sich irgend jemand mit einer Pistole erschießt. Dreißig Jahre umsonst gelesen! Tausende von Stunden meiner Kindheit, meiner Jugend- und Mannesjahre lesend zugebracht und nichts davon zurückbehalten als ein großes Vergessen. Und nicht, daß dieses Übel nachließe, im Gegenteil, es verschlimmert sich. Wenn ich heute ein Buch lese, vergesse ich den Anfang, ehe ich zum Schluß gekommen bin. Manchmal reicht meine Gedächtniskraft nicht einmal mehr hin, die Lektüre einer Seite festzuhalten. Und so hangle ich mich von Absatz zu Absatz, von einem Satz zum nächsten, und bald wird es soweit sein, daß ich nur noch einzelne Wörter mit Bewußtsein erfassen kann, die aus der Dunkelheit eines immer unbekannten Textes herbeiströmen, für den Moment des Gelesenwerdens wie Sternschnuppen aufstrahlen, um alsbald wieder im dunklen Lethestrom vollständigen Vergessens zu versinken. Bei literarischen Diskussionen kann ich schon lange nicht mehr den Mund aufmachen, ohne mich gräßlich zu blamieren, indem ich Mörike mit Hofmannsthal verwechsle, Rilke mit Hölderlin, Beckett mit Joyce, Italo Calvino mit Italo Svevo, Baudelaire mit Chopin, George Sand mit Madame de Staël usw. Wenn ich ein Zitat suche, das mir undeutlich vorschwebt, verbringe ich Tage mit Nachschlagen, weil ich den Autor vergessen habe und weil ich mich während des Nachschlagens in unbekannten Texten wildfremder Autoren verliere, bis ich schließlich vergessen habe, was ich ursprünglich suchte. Wie könnte ich mir bei einer solch chaotischen Geistesverfassung erlauben, die Frage zu beantworten, welches einzelne Buch mein Leben verändert hätte? Keines? Alle? Irgendwelche? – Ich weiß es nicht.

Aber vielleicht – so denke ich, um mich zu trösten –, vielleicht ist es beim Lesen (wie im Leben) mit den Weichenstellungen und abrupten Änderungen gar nicht so weit her. Vielleicht ist Lesen eher ein imprägnativer Akt, bei dem das Bewußtsein zwar gründlichst durchsogen wird, aber auf so unmerklich-osmotische Weise, daß es des Prozesses nicht gewahr wird. Der an Amnesie in litteris leidende Leser änderte sich also sehr wohl durch Lektüre, merkte es aber nicht, weil sich beim Lesen auch jene kritischen Instanzen seines Hirns mit veränderten, die ihm sagen könnten, *daß* er sich ändert. Und für jemanden, der selber schreibt, wäre die Krankheit womöglich sogar ein Segen, ja beinahe eine notwendige Bedingung, bewahrte sie ihn doch vor der lähmenden Ehrfurcht, die jedes große literarische Werk einflößt, und verschaffte sie ihm doch ein völlig unkompliziertes Verhältnis zum Plagiat, ohne das nichts Originales entstehen kann.

Ich weiß, das ist ein aus der Not geborener, ein unwürdiger und fauler Trost, und ich versuche, mich seiner zu entschlagen: Du darfst dich nicht in diese fürchterliche Amnesie ergeben, denke ich, du mußt dich mit aller Macht gegen die Strömung des Letheflusses stemmen, darfst nicht mehr in einem Text Hals über Kopf versinken, sondern mußt mit klarem, kritischem Bewußtsein darüberstehen, mußt exzerpieren, memorieren, mußt Gedächtnistraining treiben – mit einem Wort: Du mußt – und hier zitiere ich aus einem berühmten Gedicht, dessen Autor und Titel mir im Augenblick entfallen sind, dessen letzte Zeile aber als ein ständiger moralischer Imperativ ganz unauslöschlich in mein Gedächtnis eingegraben steht: »Du mußt«, so heißt es dort, »du mußt ... du mußt ...«

Zu dumm! Jetzt habe ich den genauen Wortlaut vergessen. Aber das macht nichts, denn der Sinn ist mir noch durchaus präsent. Es war so irgend etwas wie: »Du mußt dein Leben ändern!«

BURKHARD SPINNEN

Coco ist an allem schuld

Erinnerung an eine Lektüre

Es fängt damit an, daß ich nicht weiß, woher es stammte.

Gut, vorher gehörte es meinem Cousin Egon, so viel ist sicher. Und dem hat es vermutlich seine Mutter gekauft, meine Tante Käthe. Wann? Kurz nachrechnen: Mein Cousin Egon ist Jahrgang 44, auf dem Rücken stand, wenn ich mich nicht irre, *ab 12*, also könnte es 56 gewesen sein. Da bin übrigens ich geboren, kurz nach Weihnachten.

Apropos. Er könnte es natürlich auch von jemand anderem bekommen haben, zu Weihnachten oder zum Geburtstag. Dann käme nämlich mein Vater in Frage, sein Onkel und Pate. Obwohl der nicht der Typ ist, Bücher zu verschenken. Mein Vater steckt lieber Geld zu; wenn, dann hätte es meine Mutter gekauft. Doch das sind, wie gesagt, nur Vermutungen. Außerdem, wer weiß, ob es neu war, als Cousin Egon es bekam? (Übrigens müßte ich eigentlich sagen: *Vetter* Egon. Wir sagten nämlich nicht Cousin und Cousine, wir sagten Vetter und Kusine. Aber das nur am Rande.)

Es hieß »Coco ist an allem schuld«. Das steht fest. Und natürlich heißt es immer noch so. Aber ich habe keine Ahnung, wo es sich jetzt befindet. (Wenn es sich überhaupt noch ›befindet‹!) Nach mir haben es die Töchter meiner Kusine Renate, Egons Schwester, bekommen, Ulrike und Beate. Und als ich viel später einmal danach fragte, da hieß es: Das ist an die Verwandten in der DDR gegangen.

»So«, habe ich damals gesagt. Ein »So«, hinter dem ein Ruf- so gut wie ein Fragezeichen stehen könnte; am besten beides. Die Kusine und ihre Töchter (für deren Verwandtschaft zu mir es im Deutschen schon keinen Namen mehr gibt) schienen jedenfalls ein wenig in Sorge: B. und alte Bücher, das war damals, in meiner antiquarischen Phase, ein familienbekannt heikles Thema. Liebe Güte! hieß es. Ich hätte das Buch natürlich jederzeit zurückhaben können! Aber ich hätte so lange nicht gefragt, und da –!

Ich denke, ich habe damals rasch das Thema gewechselt. Kein Grund zur Erregung – ein vollkommen aussichtsloses Unterfangen, meine Kinderbibliothek wieder zusammen zu suchen. (Und im Grunde eine Schnapsidee.) Heute hat übrigens meine Kusinentochter Beate selbst schon zwei Kinder. Und die DDR gibt es auch nicht mehr. Aber wem sage ich das. Und jetzt zur Sache.

Coco ist ein Affe. Ein Schimpanse. Und als solcher ist er, inmitten einiger sehr gewöhnlicher Tiere, der Superstar eines winzigen Schulzoos in einer kleinen Stadt. Von heute aus betrachtet allerdings kein schönes Leben. Nach der Erinnerung, die ich an eine der Zeichnungen aus dem Buch habe, sitzt Coco in einem Käfig, der kaum größer als eine Abstellkammer ist und nicht einmal über einen Kletterbaum verfügt. Außerdem wird Coco nicht nur nichtartgerecht gehalten, es wird von artgerechter Haltung auch gar nicht gesprochen. Der Affe sitzt im Käfig, und alle finden das gut so; auch der Text. (Erkennbar eine alte Geschichte.)

Eines sollte ich vielleicht noch rasch erwähnen: Ich mag Affen nicht so besonders. Und als Junge mochte ich sie noch weniger. Ich glaube, ich fand den allgemeinen Usus, sie anzuhimmeln, nun ja, wie soll ich sagen – affig. Dieses ständige Gerede von *unseren Vettern aus dem Urwald*. Die im Grunde die besseren Menschen sind. Und so komisch! Braucht sich nur irgendwo zu kratzen, der Affe, und schon lacht alles Tränen. Wirklich affig. Obwohl man sich natürlich hüten muß, wenn man sich erinnert. Möglicherweise fand ich Affen auch nur unanständig. (Sie hätten sich eigentlich was überziehen müssen.) Aber im Grunde spielt das keine Rolle.

Ich selbst habe »Coco ist an allem schuld« übrigens so um 65 herum bekommen, also mit neun oder zehn, wahrscheinlich kurz nachdem ich aus den Geschenken zur Erstkommunion eine erste kleine Bibliothek angelegt hatte: etwa ein Dutzend Bücher, die nach Wichtigkeit geordnet (zuerst Schulbibel, dann Karl May, dann griechische Heldensagen, dann Kinderbücher) und von Hand durchnumeriert auf dem Zwei-Bretter-Regal über dem Kopfende meines Bettes standen. Sicher ist allerdings, daß ich es zusammen mit ein oder zwei Dutzend anderen Büchern bekam, nämlich der ganzen Kinderbibliothek meines Vetters Egon, der mittlerweile ein erwachsener Mann war, jedenfalls aus meiner Perspektive. Außerdem war er schon Flieger! Weshalb auch neben dem beinahe untypischen »Coco« unter seinen Büchern die ganze Klaus, der Flieger-Reihe war: »Klaus, der Segelflieger«, »Klaus wird Motorflieger«, »Klaus, der Düsen-Pilot« und so weiter. (Vermutlich alles Schneider-Bücher.)

Zurück zur Sache: »Coco ist an allem schuld« beginnt mit dem Anfang der großen Ferien. Und damit, daß einer ausgeguckt wird, der in den folgenden Wochen nach dem Schulzoo, will natürlich heißen: nach Coco sieht und sich um das Nötige kümmert. Dieser

Ausgeguckte nun ist Heini Senkpiel, und mit ihm und seiner Geschichte beginnt, jedenfalls nach meinem eigenen Dafürhalten, meine wesentliche Lebensgeschichte als Leser. Warum? Ich will versuchen, das zu erklären.

Zunächst liegt es an Heini Senkpiel selbst. Denn der ist, wie der Fachmann schon am Namen erkennt, ein Vertreter des Typus *nichtstrahlender Held*, der erste, der mir auf meiner Leselaufbahn begegnete. Ebenso befremdlich wie wohltuend hob er sich damals von den Old Shatterhands und Winnetous, von den Helden der Sagen des klassischen Altertums (Schwabsche Sammlung) sowie von denen der Nibelungen ab. Heini ist schüchtern, verzagt, skrupulös, es fehlt ihm an Selbstvertrauen ebenso wie an sportlichem Ehrgeiz. Außerdem ist er, wenn ich mich recht entsinne, Kriegswaise; heute wäre er etwa so alt wie mein Vetter Egon.

Damit jetzt kein Irrtum aufkommt: Ich bin keine Kriegswaise. (Jahrgang 56!) Und man hat mir auch niemals einen Schulzoo anvertraut, geschweige denn einen Affen. Oder, ganz im Ernst: mag sein, daß sich mir in puncto Heini das ein oder andere zur »identifikatorischen Lektüre« angeboten hat. Doch scheint mir mit einer Gleichung wie Ich = Heini nicht der Umstand erklärt, daß mir aus den Massen an Kinder- und Jugendlektüre, die ich zusammen mit ihren mehr oder minder pädagogisch präparierten Helden noch ins Haus schleppen sollte, ausgerechnet dieses eine Buch so, ja, so lebhaft in Erinnerung geblieben ist. Und mehr noch! Mir ist, wie soll ich das beschreiben: die Atmosphäre, das Grundgefühl bei der Lektüre noch völlig präsent – ich kann es jederzeit herbeizitieren. (Etwa wie das Gefühl, das ich hatte, als ich nach der Geburt unseres ersten Sohnes neben meiner Frau in einer Art Abstellkammer der Universitätsklinik saß.) Und das kann nicht allein am womöglich irgendwie artverwandten Heini Senkpiel liegen!

Und auch nicht nur an der Story. Die haute mich, salopp gesagt, schon damals nicht vom Hocker. Sehr berechenbar! Ich hatte es gleich vermutet, und prompt geschieht es: Der Affe bricht aus! Was bedeutet: Heini Senkpiel, dem die Affenaufsicht zum ersten Mal ein dramatisch gesteigertes Selbstbewußtsein verschafft hat, Heini Senkpiel, der kräftig an dieser Aufgabe zu wachsen gewillt ist, dieser Heini versagt bereits am ersten Tag seiner neuen Existenz. Gleich in der ersten Nacht bleibt die Käfigtür offen, und Coco türmt. Am nächsten Morgen steht Heini vor dem Nichts. Und bricht zusammen. So mußte das ja kommen! Schluß! Vergebliches Begehren. Ende der kurzen Hoffnung auf ein höheres Senkpieltum, Abgang in Schande.

Aber! Und genau jetzt beginnt, so glaube ich, die Sache auf eine Art und Weise komplex zu werden, die mich sehr eingenommen hat. Denn zum Glück (nicht nur für Heini und für die Geschichte) gibt es ja Franz Tannebaum, Heinis Klassenkamerad, einen Kerl, gerade und schlank und biegsam und stachelig wie sein Name. Franz ist nicht eigentlich Heinis Freund, aber jetzt, da die Not am größten ist, da Franz' Familie aus irgendeinem Grunde heuer nicht in Urlaub fährt und da er selbst das Abenteuer sucht, erscheint er als der rechte Mann am rechten Ort.

Außerdem, na ja, der Wahrheit die Ehre: Es ist Franz, der den ganzen Schlamassel angerichtet hat. »Alles klar, Senkpiel! Machen wir glatt!« oder irgend etwas in dieser Richtung hat er nämlich gerufen, als der fatalerweise gleich am ersten Abend verhinderte Verantwortungsträger ihn um die Gefälligkeit eines Fütterungs- und Kontrollganges im Schulzoo bittet. Und statt einen sicheren Verschluß herzustellen, hat Franz sich ablenken und die Tür zum Affenkäfig offenstehen lassen.

Was habe ich darüber nachgedacht, ob er es nicht eigentlich mit Absicht getan hat! Und nicht nur, weil jetzt, da die Ferien begonnen haben und die Urlaubsfahrt ausgefallen ist, ein kleines Abenteuer gerade paßte. Nein, mehr noch: weil Franz Tannebaum die Anlässe als solche liebt. Die Anlässe zu reden, genauer: zu erzählen. Wollte man ihm übel, könnte man ihn einen Abenteurer der Zunge nennen, einen Schwadronierer, einen Aufschneider, ein Großmaul. Mag ja stimmen, aber, und jetzt wird es spannend: Er ist auch ein junger Mann im Vollbesitz einer veritablen Poetik! Noch schreibt er wohl nichts auf, jedenfalls erinnere ich mich nicht daran, und eigentlich ist er bleistiftkauend hinter einem weißen Blatt auch kaum vorstellbar; doch die Methode, die hat er schon!

Ein Beispiel, nein: *das* Beispiel: Einmal muß seinem Vater der Werkzeugkasten aus einer Stellage unter der Speichertreppe gefallen sein, so daß es den Inhalt rundherum verstreute. Davon erzählt Franz gern und ausschweifend, und stetig nimmt der Grad des Katastrophalen in diesen Erzählungen zu. »Beim nächsten Mal«, so meldet sich schließlich mit recht vorwurfsvollem Unterton ein Kritiker, »beim nächsten Mal werden die Nägel bis hinunter vors Haus und auf die andere Straßenseite gekollert sein.«

Richtig, der Kritiker ist Heini. Der zieht mittlerweile schon einige Tage mit Franz durch die kleine Stadt, doch die diskrete Suche der beiden nach Coco ist trotz Franzens wortreicher Suchpläne, trotz seiner ausufernden Vermutungen und trotz seiner kühnen Schlüsse ganz und gar erfolglos geblieben; und das Senkpieli-sche in Heini beginnt, gerade durch die Maulfertigkeit des Tannebaums hindurch das drohende Schicksal zu sehen. Da nimmt er dann wohl die Gelegenheit zu einer Fundamentalkritik am Bramarbas Franz gerne wahr: »Beim nächsten Mal werden die Nägel usw.« Das sitzt. Oder?

Von wegen! Denn er kriegt eine Antwort, die sich gewaschen hat. Franz nimmt ihn, bildlich gesprochen, beim Revers: »Das Leben«, sagt er dem Zaghaften ins Gesicht, »das Leben ist voller angefangener Geschich-ten. Man muß sie nur richtig zu Ende erzählen.« Tref-fer!

Zugegeben, ich habe »Coco ist an allem schuld« vor über 25 Jahren zum letzten Mal gelesen; für den Wort-laut der Tannebaumschen Erwiderung kann ich nicht garantieren. Nur für das Sinngemäße. Und ebenso zu-gegeben, der Aphorismus ist geläufig, sicher stammt er nicht vom Autor dieses harmlosen Kinderbuches, des-sen Namen – das habe ich, wie ich gerade bemerke, noch gar nicht erwähnt! –, dessen Namen ich übrigens vergessen habe. Aber mag er den Gedanken auch sonstwo abgeschrieben haben, *mir* jedenfalls ist er in »Coco ist an allem schuld« zum ersten Mal begegnet. Und *mich* hat er, weiß Gott, getroffen. Denn – und al-les identifikatorische Lesen jetzt endlich mit einem Schwung beiseite geschoben – spätestens seit diesem zentralen Konflikt der Protagonisten sah ich überdeut-lich vor mir das Senkpielische und das Tannebaumsche Lebens- und Redensprinzip: hier die biedere, aber ver-antwortungsbewußte Faktenhörigkeit »Heini«; und da die unernste, aber kraftstrotzende Fabuliersucht »Franz«. Und ich behaupte einmal ganz kühn: ich habe damals schon geahnt, daß man sich zwischen diesen beiden Prinzipien keineswegs leicht wird entscheiden können! Und möglicherweise habe ich auch schon geahnt, daß es zum Prinzip »Franz« durchaus gehören kann, hier und da die Realität ein wenig ›anzustoßen‹, damit sie zumindest den Anfang einer Geschichte zu weiterer Bearbeitung preisgibt.

Unterdessen geht die Suche weiter. »Ein Affe ist kein Fußball.« Damit muntert Franz den verzagten Heini auf. Wahrlich, kürzer kann man es nicht sagen. Einen Fußball kickt man irgendwo hin; und da bleibt er liegen. Einen Affen aber muß man überall *und* immer wieder suchen. Und weil solche Wiederholungen der Spannung sehr abträglich sind, rekrutiert Franz einen weiteren, zuvor auf absolute Verschwiegenheit verpflichteten Mitsucher beziehungsweise eine Mitsucherin. Inge.

Wer Inge ist? Was genau sie – für Franz – ist? Ich erinnere mich daran, mir diese Frage selbst häufig gestellt zu haben. Nun, was soll ich sagen, wir sind in den frühen fünfziger Jahren; allzuweit dürfen die Vermutungen nicht gehen. Aber immerhin hat Franz den Namen INGE mit Messingkopfnägeln an den Bug seines Paddelboots gehämmert. Das will etwas heißen. Außerdem nennt er Inge manchmal einen »patenten Kerl«. (So nannte mich in Ausnahmefällen mein Vater.) Unvorstellbar, daß es dazu noch eine Steigerungsform geben könnte. Nun also. Soviel zu Inge.

Denn es bleiben noch drei weitere Hauptfiguren in »Coco ist an allem schuld«. Die vierte ist die kleine Stadt. Die sehr kleine Stadt. Betrachtet man sie mit kritischem Blick und der Forderung nach einer wahrheitsgetreuen Darstellung des realen Lebens, so muß man ihr wohl den schlimmsten aller literarischen Vorwürfe machen: sie ist eine Idylle, ganz und gar aus der Zeit und aus der Welt gefallen. Und also keineswegs in der

Lage, den jungen Leser gewinnbringend in die problematischen Gegebenheiten der zeitgenössisch-urbanen Gesellschaft einzuführen. Bewohnt wird sie vielmehr von einem halb freundlichen, halb vertrottelten Typenensemble, von Leuten, die mit ihrem Tick auf die Welt gekommen sind und denen man, wenn man ihnen eine Freude machen will, auf der Straße harmlose Albernheiten nachruft. Den Namen der Stadt, wenn sie denn überhaupt einen gehabt hat, habe ich vergessen; womöglich hieß sie, wie so viele literarische Orte ihres Schlages, höchst inkorrekterweise »Neustadt«.

Allerdings gebiert diese fade und pädagogisch völlig unnütze Idylle eine wunderbare Konstruktion. Es gibt dort nämlich, mag sein im Hause der Tannebaums, eine Speicherluke in Fußbodenhöhe; und von der aus kann man, bäuchlings auf den staubigen Dielen, tatsächlich nicht nur die ganze Stadt überblicken, sondern auch in die einzelnen Wohnungen schauen. Phantastisch! Und ich habe zwar, gewissermaßen unter senkpielischen Skrupeln, schon bei der ersten »Coco«-Lektüre an der physikalischen Möglichkeit eines solchen Universalausgucks sehr gezweifelt; doch zugleich hat mich die Idee eines solchen Überblicks auf Dauer gefangengenommen. Noch heute, zum Beispiel bei einem Gang durch die alten Viertel Berlins, muß ich mir sofort wieder wünschen, ich wohnte hoch unterm Dach, vielleicht sogar darauf, zwischen schief und steil aufragenden Schornsteinen, und sähe von dort an den Hundstagen tief hinunter in die heißen Hinterhöfe und durch die weit offen stehenden Fenster tief hinein in die grottenkalten Wohnungen. Oder: ich striche bei Nacht, ein gutmeinender Fassadenkletterer, in schwindelnder Höhe über eiserne Balkongeländer, über bröckelnde Gesimse, von Erker zu Erker, eine Hand um den Nacken eines Karyatiden, die andere um den einer steinernen Muse. Und wenn ich nur das Ohr an die Fensterscheiben lege, diktiert es mir von innen die Geschichten all derer, die jemals hier gewohnt haben. –

Die fünfte Hauptperson ist Coco selbst. Allerdings ist er mir das nicht durch seine Funktion als treibende Kraft der Geschichte geworden. Vielmehr überraschte mich »Coco ist an allem schuld« damit, daß sich sehr spät, als mit solchen Finessen gar nicht mehr zu rechnen ist, der Affe selbst zu Wort meldet, genauer formuliert: daß die Perspektive des Textes ein-, zweimal von den Subjekten der Suche zu deren Objekt wechselt. Das Befremden, mit dem ich damals diese Passagen gelesen habe, kann ich unmöglich bloß mit meinem Vorbehalt gegenüber Affen im allgemeinen erklären. Vielmehr dünkt mich, als hätte ich damals in den inneren Coco-Monologen – Achtung! – tatsächlich so etwas wie eine literarische Unredlichkeit oder wenigstens Unbotmäßigkeit entdeckt. Nun mag solches Dünken Dünkel sein, von allerlei späterer Erfahrung oder gar von angelerntem Wissen durchtränkte Rückwärtsprojektion, was auch immer, ja, vielleicht – oder besser: nein! Denn die Erinnerung trügt mich nicht, der Schock saß tief. Und ist es nicht wirklich unredlich, wenn eine Geschichte, um ihren Fortgang und sogar ihren Schluß zu legitimieren, plötzlich einen Schwenk dorthin unternimmt, wo sie bislang so gar nicht präsent war, sprich: wenn sie dem geheimnisvollen Verschwundenen, allez hopp, quasi mit einem Satz, auf die Schulter und sogar – einem Affen! – in den Kopf springt?

Oder darf man das? Mir jedenfalls erschien es damals unerhört, und bei jeder erneuten Lektüre erwartete ich die Coco-spricht-Passagen wie das Kratzen auf einer beschädigten Schallplatte. Der Sprung auf die Schulter des Affen war wie ein Blick über die Pappwand des Aquariums beim Magnetangeln, eine Mogelei, ja, im Grunde ein Betrug. Doch dann auch immer wieder: welche Verlockung! Nicht nur von einem Eck- oder Dachfenster aus der Herr aller Geschichten zu sein, sondern überdies selbst die Rollen wechseln und am Ende gar in den Kopf eines Affen schlüpfen zu dürfen. Mit einem Wort: das Prinzip »Franz« über jede Realität (oder was man glaubt, das sie sei) triumphieren zu lassen! –

Der sechste Hauptdarsteller könnte der Leierkastenmann sein. Er ist es aber nicht beziehungsweise nur, insofern er als allegorische Figur für den Ausgang einer Geschichte steht, die – so wurde mir bei der Lektüre klar – kein *Ende* im profanen Sinne, sprich: keines mit einer allseits befriedigenden *Lösung* haben kann. Denn sosehr sich alles um die Suche nach dem Affen dreht, so wenig geht es um ihn selbst. Es geht vielmehr um allerlei: zum Beispiel um Heini, der über sich selbst und das Wesen der Freundschaft nachdenkt; oder um Franz, der den Zweifel kennenlernt und sogar erwägt, die INGE-Nägel wieder aus dem Paddelboot zu ziehen. Und der verschwundene Affe ist dabei nur, was ich heute einen Katalysator nennen würde. Ihn zurück in den Käfig zu bringen garantiert noch nichts und am allerwenigsten ein gutes Ende. Also kann auch der Leierkastenmann, wenn er kurz vor Schluß der großen Ferien und nun vollends aus einem anderen Jahrhundert daherkommt, nicht wirklich etwas für die Geschichte tun – und das, obwohl er als einziger hat, was so sehr fehlt: einen lebendigen Affen. –

Der sechste und vielleicht wichtigste Hauptdarsteller ist vielmehr die Ungewißheit darüber, was das alles soll! Als nämlich die großen Ferien wirklich und wahrhaftig vorbei sind, dies und das geschehen und Coco nicht gefunden ist und ein vollkommen vernichteter Heini Senkpiel dem ersten Schultag wie dem Jüngsten Gericht entgegenschleicht – da sitzen in dem ganz und gar nicht artgerechten Käfig des Schulzoos: drei Affen! Ein ziemlich munterer, wenngleich um den Bart schon etwas grauer, den Inge dem Leierkastenmann abgekauft hat; ein sehr staubiger ausgestopfter, den Franz aufgetrieben hat; und – ebenso staubig und etwas mager, aber glücklich, Heinis Coco, der am Vorabend eine beinahe schon senkpielische Entscheidung getroffen und die grenzenlose, aber anstrengende und sehr karge Freiheit gegen eine Gefangenschaft mit regelmäßigen Mahlzeiten vertauscht hat.

Und was soll das? Wem ist mit diesem (freilich hübsch humoristischen) Tableau geholfen? Wessen Probleme sind, bitteschön, gelöst? Ich wußte es nach der ersten Lektüre nicht. Und ich habe es nie ganz herausbekommen. – Doch genau hier, an der Irritation, nicht an irgendeiner Gewißheit, nimmt, wie später mein akademischer Lehrer nicht müde wurde zu sagen, die eigentliche Lektüre erst ihren Anfang. Sprich, was mir an Sinn auf dem Silbertablett präsentiert wird, läßt mich seine Herkunft vergessen – und mit ihr den Sinn. Nur wo ich keine schnelle Formel bekomme, bleibt die Geschichte – und damit im besten Fall das Material der Beunruhigung.

»Coco ist an allem schuld« hatte einen grauen Leinenrücken, der sich um die Falze herum mürbe anfühlte. Der Einband war im Stil der Zeit illustriert, eine Art Gesamtpanorama mit ausbrechendem Affen, kleiner Stadt, Heini, Franz und Inge und vielleicht auch dem Leierkastenmann. Mein Exemplar ist verschollen. Wahrscheinlich wäre es nicht allzu schwierig, ein anderes zu besorgen; seit der Möglichkeit der Volltext-suche in digitalisierten Katalogen ist das Auffinden von Büchern auch bei sehr rudimentären bibliographischen Angaben eine Sache von Sekunden. Vielleicht würde schon die Eingabe von »Coco« und »schuld« genügen.

Allerdings bin ich an einem Ersatzexemplar nicht besonders interessiert. Oder genauer: ich bin jeder Schicksalsfügung oder jedem blinden Zufall dankbar, die mich vor einer erneuten Begegnung mit »Coco ist an allem schuld« bewahren. Und erst recht möchte ich es nicht im Regal stehen haben, um bei entsprechender Stimmung zuerst nach einem schweren Rotwein und dann nach ihm greifen zu können. Dabei fürchte ich nicht einmal am meisten die Enttäuschung; ich weiß ja, daß »Coco ist an allem schuld« kein wirklich gutes Buch war. Aber es war nun einmal das richtige Buch zum richtigen Zeitpunkt, vielleicht sogar nur das Buch zum richtigen Zeitpunkt. Will sagen: seine Figuren und seine Geschichte haben es vor etwa dreißig Jahren übernommen, für das zu stehen, was ich damals über Literatur erfahren oder was ich von ihr erahnen konnte. Sie haben diese Erfahrungen und Ahnungen in meiner Erinnerung verwaltet, noch heute tun sie das. Und sie tun es ganz gut – also werde ich mich hüten, sie mit ihrer Vergangenheit zu behelligen.

MICHAEL KÖHLMEIER

Trost von Beckett

Rita hatte ich schon lange nicht mehr gesehen. Sie kam nicht mehr ins Kaffeehaus, jedenfalls nicht mehr an den Mittwochabenden. Ich traf sie eines Nachmittags vor dem Kunsthistorischen Museum. Sie saß auf den Stufen, die Ellbogen auf die Oberschenkel gestützt.

»Heulst du?« fragte ich.

»Fast«, sagte sie.

»Warum denn?« fragte ich.

Sie sagte: »Wenn ich eine Romanfigur wäre und ich wäre die Schriftstellerin, dann würde ich mich sterben lassen.«

»Das denkt sich jeder«, sagte ich, das war abgeschmackt. »Fast jeder«, schränkte ich ein, »manchmal einer hie und da«, verringerte ich noch mehr.

»Ich bin sechsundvierzig«, sagte sie, »meine Figur stellt sich um, ich trainiere jeden Tag, ich liege am Boden und mache schmerzhafte Bauchmuskelübungen, und Klimmzüge mache ich und Liegestützen, und mit dem Expander arbeite ich und mit Hanteln, und dann jogge ich und: Schau mich an.«

»Muskulös bist du«, sagte ich, »das wird dir jeder bestätigen.«

Was redete sie da? Ihre Figur stelle sich um? Noch nie hatte ich so etwas gehört. »He«, rief ich und zog sie auf die Beine, »was ist mit dir los? Was heißt, deine Figur stellt sich um?«

»Ich habe nichts, worauf ich mich freuen kann«, antwortete sie.

»Wohin gehen wir?« fragte ich.

»Was willst du von mir?« sagte sie.

»Ich erzähle dir etwas Erhebendes«, sagte ich.

»Mir wäre aber lieber, du würdest etwas von mir wollen«, sagte sie.

Sie schritt hinter mir her. Sie trug einen langen, altmodischen, fleckigen Ledermantel, die Schöße bauschten sich um ihre Beine, November war bald, ein Mantel, wie ihn die Bösen in ›Spiel mir das Lied vom Tod‹ tragen.

»Schöner Mantel«, sagte ich.

Wir gingen in Richtung Secession, und ich dachte, wenn es wirklich lebensdringend ist, daß ich Rita etwas Erhebendes erzähle, dann soll alles in Ordnung sein, dann habe ich lediglich meine Pflicht getan; wenn sich aber herausstellt, daß es gar nicht so lebensdringend war, daß nämlich Rita auf den Stufen zum Kunsthistorischen Museum gar nicht geheult hat, daß sie sich gar nicht würde sterben lassen, wenn sie eine Romanfigur und gleichzeitig die Schriftstellerin wäre, dann – dann bin ich eben ein Held, ein stiller, kleiner Held des Alltags, der bereit ist, ein paar Löffel eigenen Blutes zu geben, um damit einen Mitmenschen aus seinem Tief zu locken.

Wir spazierten über den Naschmarkt, und ich erzählte ihr die erhebendste Geschichte, die ich auf Lager hatte. Sie nagte an einer Selleriestange.

»Niemanden habe ich je mehr verehrt als Samuel Beckett«, so begann ich. »Ich war damals einundzwanzig, und fast alles, was Beckett geschrieben hat, war bereits ins Deutsche übersetzt. Ich studierte in Deutschland und hatte mich in einem Anfall von Größenwahn mit meinem Vater zerstritten, sicher auch mit dem Hintergedanken, daß, wenn ich eine Beckett-Figur wäre, ich mich mit meinem Vater zerstreiten würde. Jedenfalls setzten von da an die monatlichen Zahlungen aus. Ich aß, wenn mich jemand einlud, ich rauchte, wenn mir jemand Zigaretten schenkte ...«

»Es tröstet mich nicht, wenn du mir erzählst, daß es dir schon schlechter gegangen ist«, sagte Rita, da aß sie einen Apfel und noch einen.

»Der einzige Trost in meinem Leben«, fuhr ich fort, »war Samuel Beckett, ich hatte alle seine Romane, alle seine Theaterstücke gelesen. ›Molloy‹ hatte ich sogar viermal gelesen, ›Das letzte Band‹ konnte ich auswendig hersagen, und wenn mir einer fünf Deutsche Mark gab, dann rezitierte ich Luckys Monolog aus ›Warten auf Godot‹. Ich wußte, es gab einen Roman, Becketts erster, der war noch nicht ins Deutsche übersetzt. Dieser Roman hieß ›Watt‹. Natürlich hatte ich über ihn gelesen. Es mußte ein phantastisches Buch sein, sein erster Wurf, in dem sich in genialisch undisziplinierter Form bereits die ganze bunte Kargheit von Becketts Erzählkunst ausbreitete ...«

»Du gibst ordentlich Gas«, sagte Rita, »möchtest du auch eine Handvoll Sauerkraut?«

»Auf ›Watt‹«, erzählte ich weiter, »lauerte ich. Ja, ich lauerte. Ich fragte bei den Buchhändlern nach. Die kannten den Roman gar nicht. Ich rief beim Verlag an. Ließ mich mit dem Verleger verbinden. Der sagte, es sei schön, wenn sich ein junger Mensch so für ein Buch interessiere. Mehr sagte er nicht. Bald redete ich mit meinen Freunden über nichts anderes mehr als über ›Watt‹ von Samuel Beckett. Irgendwann fragte mich ein Student aus Oldenburg, den ich wegen seiner breiten Unterlippe nicht ansehen konnte, woher ich denn überhaupt wisse, daß Beckett diesen Roman geschrieben habe. Ich sagte, es gebe da ein Buch über Beckett, da stehe das drin. Die Stelle wolle er sehen. Zu Hause fand ich die Stelle nicht mehr. Ich lüge nicht. Ich blätterte eine Stunde lang in dem Buch, aber ich fand den Hinweis auf ›Watt‹ nicht mehr . . .«

»Lügst du?« fragte Rita.

»Ich begann mir Sorgen zu machen«, redete ich weiter, »Sorgen um mich. Konnte es sein, daß ich mir ›Watt‹ einbildete? Stell dir vor, Rita, das wär doch auch eine ungeheure Chance gewesen! Verstehst du! Ich wußte ja ungefähr, was in ›Watt‹ stand, ich hatte den Inhalt ja schon x-mal erzählt, soweit er eben in diesem Buch beschrieben war. Man war begeistert. Stell dir vor, ich hätte mir das alles nur eingebildet. Dann hätte ich Becketts genialsten Roman geschrieben, ich und nicht er. Und dann: Eines Nachts ging ich an einer Buchhandlung vorbei. Da standen die Neuerscheinungen im Schaufenster, und mitten darunter: ›Watt‹! Mit Preisschild: 48 Deutsche Mark. Hatte ich nicht. Würde ich auch in einem Monat nicht haben. Am nächsten Tag stellte ich mich in der Klinik zum Blutspenden an. Aber sie nahmen mich nicht. Weil ich unterernährt war. Ich habe ›Watt‹ nie gekauft und nie gelesen. Gehts dir besser, Rita?«

»Ja.«

HERBERT ROSENDORFER

Das Buch

Eine chassidische Ballade

– keinen Gelben Stern. Er brauchte keinen Gelben
Stern, keinen von jenen Gelben Sternen, Sie wissen
schon, dieses Zeichen, das die anderen gern als Kains-
zeichen gesehen hätten. Dabei waren sie selber Kain,
die anderen. Ich nenne sie nicht beim Namen, den sie
sich selber gegeben haben, sagte Rabbi Esra Ben Joasch, erstens will ich ihnen nicht die Ehre antun, ihren
Namen zu wissen, und zweitens vergesse ich ihn immer. Er brauchte keinen Gelben Stern, kein Kains-
zeichen –

Rabbi Esra Ben Joasch las immer in Dem Buch. Es
handelte auch vom Kain und vom Abel. Warum gefiel
IHM Abels Opfer, nicht aber das des Kain? Da
schweigt sich die Genesis vornehm aus. Eine bloße
Laune von IHM; oder mochte ER Kains Opfer nicht,
weil es nichts anderes als Feldfrüchte waren, die Kain
opferte, nicht ein fetter Hammel wie Abels Opfer? –
trieb den Kain förmlich ins Unglück. ER hätte doch
wissen müssen, daß Kain empfindlich gegen Unge-
rechtigkeiten ist und aufbrausend. In dem Buch, in
dem Rabbi Esra Ben Joasch immer las, stand die Erklärung für diesen Vorgang. Keine schöne Erklärung,
machte keine *bella figura* darin, ER – würde IHM nicht
gefallen, wenn ER sie läse, aber ER liest nicht. Das
stand auch in Dem Buch.

– keinen Gelben Stern. Zwar, man weiß, war es die

schikanöse Vorschrift der anderen, daß alle Juden den Gelben Stern tragen müssen, ganz streng, aber Herr Dr. Grünspan (diesen albernen Namen hatten jene k.u.k. Standes-Inspectoren dem Urgroßvater verpaßt, damals in Galizien), der in Wirklichkeit Rabbi Esra Ben Joasch war, brauchte keinen Gelben Stern, weil er nicht mehr aus dem Haus ging.

Es gab Das Buch, in dem Rabbi Esra Ben Joasch las, nur einmal auf der Welt. Es wäre auch, meinte Rabbi Esra, viel zu gefährlich, wenn es Das Buch mehrmals gäbe. Er sprach manchmal mit seiner Enkelin, Deborah, die ihm das Essen brachte. Sonst redete er mit niemandem mehr, las nur noch in Dem Buch.

Den anderen fielen Bomben auf den Kopf seit einiger Zeit. Da war Rabbi Esra schon bei den letzten Kapiteln angelangt. Das elektrische Licht ging aus. Deborah kam herauf, im Mantel, den Gelben Stern aufgenäht. Großvater, es ist Fliegeralarm. In den Luftschutzkeller dürfen *wir* nicht, aber komm wenigstens herunter. – Nein, mein Kind, sagte Rabbi Esra Ben Joasch oder Dr. Eduard Grünspan. Er saß, eine gestreifte Decke über die Schultern gehängt, tief gebeugt, das Käppchen auf dem Kopf, und las. Der Bart berührte die Seiten Des Buches, die seltsamerweise immer größer wurden, desto weiter der Rabbi las. Eine Kerze leuchtete von links. Als Deborah das letzte Mal heraufkam, erzählte der Rabbi auffallend lang von Dem Buch. Aber er gestattete nicht, daß die junge Frau einen Blick hineinwarf. Es ist besser für dich. Das Buch ist außerhalb der Welt geschrieben. Frage mich nicht, wie das vor sich gegangen ist. Es gibt Aufschluß über den Sinn der Welt. Es würde niemandem gefallen – außer mir. Es gefiele auch IHM nicht, wenn ER es läse. Denn, ich sage dir, meine Enkelin, Das Buch ist schrecklich, weil wahr.

Die anderen holten Deborah. Sie wollten auch – wie heißt der Jidd? Grünspan? Sehr gut, werden mit ATA entfernen, haha. Kleiner Scherz unter Volksgenossen –, wollten auch Rabbi Esra Ben Joasch holen, aber der war nicht mehr da. Die letzten Seiten Des Buches waren so groß geworden – da flogen Buchstaben aus den blauen Sternzwischenräumen, und Zahlen, weder gerade noch ungerade, schwebten wie im Wasser. Leicht Platz für einen Rabbi.

Der eine von den andern nahm Das Buch (für ihn das Buch) mit. Aus dem Leder des Einbandes ließ er sich seine schwarzen Stiefel besohlen. Sigurd, der Sohn, spielte mit dem Rest, dem Abfall, das, was zwischen dem Leder gewesen war. Mach dir nicht die Hände schmutzig, schrie Helgarde, die Mutter, warf später den Abfall weg.

GABRIELE WOHMANN

Greta Garbo lebt auch nicht mehr

Seit Mary Spira sich dazu entschlossen hatte, ihre Bettcouch nur noch für die paar Dienste zu verlassen, die mit der Versorgung von Lebrecht Spira zusammenhingen, gab sie sich voll ihrem Fimmel hin und las ihre alten Kinderbücher. Für den Alltag fühle sie sich zu hinfällig, erklärte sie und fügte manchmal beruhigenderweise *im Hochsommer* hinzu. Aber mit der Zeit bohrte sowieso nur noch ihre Schwiegertochter, die aktive Christa, in dieser Wunde herum: Marys seltsamem Rückzug. Wenn *du* es nicht machst, dann hetze ich ihr den Arzt auf den Hals, sagte sie zu ihrem Schwiegervater, Herrn Spira, der sich dann immer ein bißchen duckte, als würde er wie kleinen Steinen ihren Wörtern ausweichen. Innerlich wiegelte er ab und verbuchte es als gutes Zeichen, daß seine Frau ihr Nachtquartier für den Tagesgebrauch umräumte; er bekam zu essen, am späten Vormittag schlüpfte Mary aus dem Morgenrock und zog über eine ausgeleierte Hose einen weiten alten Pullover (mitten im Sommer!, aber den sperrte sie so gut es ging hinter Klappläden und Vorhängen aus). Und als sein Enkel Nick ihm verriet, daß er bei ihnen nicht mehr aufs Klo gehen sollte wegen irgendwelcher Bakterien, fragte er die sowieso mitleidige Nachbarin Kübler, ob sie ihre Türkin gelegentlich entbehren und ihnen für ein paar Stunden pro Woche ausleihen könnte, was sich einrichten ließ. Die demütigende Erfahrung durch Nicks kindliche Offenheit hatte ihm die Augen geöffnet, und was sie sahen, war eine verdreckte Wohnung. Dank der Türkin nun nicht mehr.

Alle, die über die sonderbaren Zustände bei ihnen mutmaßten, bewunderten ihn, denn Mary mußte eine wahre Geduldsprobe sein. Zum Glück hatte sich wie von selbst das Gerücht *Herzinsuffizienz* herangebildet, und nur die kritische Christa glaubte nicht daran. Sogar bescheuert nannte sie ihn, weil er das mitmachte. Die gute Mary drückt sich davor, dir einen angenehmen Ruhestand zu verschaffen, spielt das Kind und imponiert dir sogar noch! Wenn du es gut mit ihr meinst, baggerst du sie von ihrem Lager hoch und schwenkst sie ein paarmal über ihre alten Kinderbücher und dann, plumps!, wirfst du sie auf dem Boden der Tatsachen ab.

Herr Spira fragte sich, ob er das überhaupt wollte, und wenn ja, wie dringend. Natürlich, er war beunruhigt. Er liebte Mary, und häßliche Absichten (Unsinn: ihm den Ruhestand zu vermasseln) könnte er ihr nie und nimmer unterstellen. Gut, sie absentierte sich, aber sie versorgte ihn. Bei seinem Frühstück sah sie ihm sogar eine Zeitlang zu, hielt sich wacker auf dem Stuhl ihm gegenüber am Tisch und fragte, ob die Eier richtig wären oder die Toasts oder die Milch zum Haferbrei süß genug und der Haferbrei so sämig, wie er ihn gern hatte; sie war nicht von der Gewohnheit abgewichen, ihn abends nach seinem Frühstückswunsch zu fragen, und er bekam sein gesamtes Repertoire; so verhielt sich doch keine Frau, die ihrem Mann den Alltag verhunzen wollte! Wahrscheinlich ging es ihr wirklich nicht gut. Wahrscheinlich sehnte sie sich nach ihrem Lager und den Kinderbüchern, während sie ihm

Kaffee einschenkte und ihn ernsthaft anblickte und er die Schnapsidee hatte: Ihre Augen, ihr Mund, alles von der Stirn über die Nasenspitze bis zum Kinn sieht aus wie ein Seufzer. Seit sie in die Jahre gekommen war, erinnerte ihn Marys einst eiförmiges Madonnengesicht an ein gotisches Kirchenportal bei schlechtem Wetter: Der Kategorie blieb sie treu. Von einem Mittelscheitel geteilt, über Schläfen und Ohren straff in den Nacken gezogen und dort zusammengerafft, rahmte ihr früher dunkles, jetzt interessant meliertes Haar die Kathedralenpforte ein.

b   Wie bringt die Ärmste nur die Zeit rum, den lieben langen Tag auf dem Sofa? Frau Kübler blickte über die Buchsbaumheckengrenze zwischen den Nachbarsvorgärten, sie hatte an ihren Rosen herumgeschnitten, als Herr Spira mit zwei Abfalltüten zum Mülleimer ging.

Sie hat schon immer für ihr Leben gern gelesen, antwortete Herr Spira, und oft tat's ihr leid, weil die Zeit für ihre Leidenschaft fehlte. (Er ließ die Kinderbücher weg. Alles andere: wahrheitsgemäß.)

Daß Mary ihr Lektüreprogramm so radikal rückwärts gewandt hatte, erleichterte ihn, wenn er ganz ehrlich war, trotz der leichten Beunruhigung, die das Phänomen selbstverständlich auch auslöste. Denn einerseits war er zwar auf eine Leseratte-Ehefrau stolz und erzählte überall herum, daß sie das war, aber auf der andern Seite machte ihm der Eindruck zu schaffen, ihr gegenüber in den Rückstand geraten zu sein. Er begnügte sich mit Zeitungen, Auto- und Sportzeitschriften und einem geographischen Magazin und war als Eisenbahn-Liebhaber auf den »Kleinen Eisenbahner« abonniert. Nach seinem Lebensplan sollte sich das mit dem Ruhestand ändern, aber nun hatte er den Versicherungsvertreter schon seit über einem halben Jahr abgestreift wie ein zu enges Futteral und doch noch nicht den Schritt vor die Bücherregale gewagt.

Mary schmökerte sich durch den Stapel neben der Couch. Viele Bücher stammten aus der Zeit, in der ihre Tanten, jetzt über achtzig, Kinder gewesen waren, und die sie zwar liebte, aber nicht mit der gleichen Leidenschaft wiedererlebte wie den Lesestoff aus ihrer eigenen Kindheit, und ausgerechnet der war rätselhafterweise schrecklich gelichtet. Ich werd's damals Freundinnen ausgeliehen haben, klagte sie. Oder meine Mutter hat ausgemistet, und die schönsten Sachen sind in den Müll gewandert, sie war so rasch und praktisch, sie war wie Christa. Lebrecht, frag Christa, es könnte doch sein, daß ich ihr was gegeben habe. Mary seufzte. Als ich's noch für selbstverständlich hielt, daß die Kinder lesen würden. Wieder ein Seufzer. Manchmal stand Mary auf, bloß um in dem Bücherwinkel nachzuschauen, von dem sie hätte schwören können, dort, was sie vermißte, zu finden, obwohl sie die Lage schon viele Male überprüft hatte.

Beim Gehen zog sie ein Bein nach. Was fehlte und wonach sie sich am meisten sehnte, stand ganz oben auf ihrer Wunschliste: 1. »Die Kinder am Meer«. 2. »Dudeleins Garten und Schippels Kinder«. 3. »Schimm« und »Schimm bleibt Schimm«. Und genau die sind nirgendwo aufzutreiben, sagte sie zu Christa, die mit eingemachten Aprikosen und Pflaumensaft vorbeigekommen war. Ich hatte den Sommer gern beim Lesen in diesen Büchern. Ich meine, den Sommer in den Büchern. Den um mich herum konnte ich dann vergessen.

Du mußt ein seltsames Kind gewesen sein. Christa klang mißbilligend, und Herr Spira, der in einem defensiven Abstand von der Couch und den beiden Frauen stand, hoffte, seine Schwiegertochter würde sich nicht weiter bei ihnen umsehen. Zum Glück war's dämmrig. Die Türkin war für drei Wochen in die Türkei gefahren, die Wohnung ziemlich verschmutzt.

Ich hatte Heuschnupfen, fing schon im Frühjahr an, sagte Mary. Im Sommer fuhren wir ans Meer, aber wenn der Strandhafer blühte, half auch das Meer nichts. Seltsames Kind? Mary überlegte. Ich stand unter Einfluß. Unterm Einfluß meiner Lieblingsbücher, und Elsie und ich, wir spielten diese Kinder aus den Büchern, wir *waren* sie ... und am wirklichen Meer ist's mir eigentlich immer zu ruppig und schattenlos gewesen, und ich mochte den Wind nicht, spätestens seit ich eine Ponyfrisur hatte ... Lebrecht, mach doch für euch zwei einen Kaffee oder Tee ...

Das übernehme ich, entschied Christa und stand von ihrem Schemel mit Polstersitz auf, aber ihrem energischen Abmarsch in die Küche beeilte Herr Spira sich mit Protest (hier wäre sie der Gast) zuvorzukommen. Den Zustand der Küche konnte er nicht mit Hausfrauenblick beurteilen, seinen Ansprüchen hatte er in der Mittagszeit genügt, was aber nichts besagte. Und was möchtest du, Liebes? fragte er seine Frau, eine richtige alte Kaffeetante, froh, die Tür zur Diele vor Christa erreicht zu haben. Keinen Kaffee? Mary wünschte Schokolade oder sonstwas mit viel Milch und schön süß, und Christa baute sich vor ihrem Ruhelager wie ein Arzt bei der Visite am Krankenbett auf, blickte kritisch, stellte die Diagnose: Jetzt wiederholst du das auch noch, außer dem Lesen in diesen alten Schinken spielst du auch das Kakaokind. Du tust so, als wär's damals. Sie beugte sich zum Bücherstapel hinunter, las Titel vor: »Mütterchens Hilfstruppen«. »Professors Zwillinge«. Und diese »Nesthäkchen«-Bände, ogottogott, das alles ist doch totaler Kitsch und realitätsfern, erst recht heute, aber es war's immer schon! Oh, Omi, Omi, vor deinem Exil und Herumliegen in diesem Zimmer hast du anspruchsvolle Literatur gelesen, du weißt eine Menge über die alten Russen und die neuen Amerikaner, Omi!

Diese zwei senkrechten Falten über deiner Nasenwurzel werden sich bald tief eingraben, wenn du nicht aufpaßt, sagte Mary, und dann, etwas schärfer: Halt dich bitte an die Abmachung, ich heiße nicht Omi, ich bin O'Mary.

Herr Spira bekam alles mit, weil er verdammt noch mal zwar Kaffee einigermaßen hinkriegte, bestimmt aber nicht Schokolade, und deshalb seine Schwiegertochter doch in der umstrittenen Küche brauchte. Ihm gelang ein gutmütiger Ton, mit dem er fragte: Wann beehrt uns eigentlich unser lieber Sohn, dein Ehemann, mal wieder?

Sobald eure Türkin hier wieder waltet. Gerd hat eine Stauballergie, sagte Christa.

Mary liest zur Zeit was über ein Kind im verwahrlosten Milieu und will es deshalb ein bißchen ähnlich um sich haben, log Herr Spira in der Küche und kriegte noch ein Lob für die Einfühlungsgabe seiner Frau hin und daß sie einfach mehr Phantasie habe als die meisten andern Menschen und nach ihrer Auffassung Kinder einen Kitschbedarf hätten.

Ach ach, Opi! Wie kannst du sie bloß noch unterstützen! Sie verdusselt uns ja noch, du wirst sehen.

Nicht Opi, O-brecht! Herr Spira besann sich auf Marys Kritik an der *Omi*. Nebenher beobachtete er zufrieden Christas geübte Flinkheit bei der Herstellung von Marys Schokolade. Am Pulver hatte sie allerdings vorher herumgeschnuppert, bei der Verwendung die Mundwinkel heruntergezogen.

Im übrigen, Christa, sie vermißt Nicks Besuche. Er war jetzt lang nicht mehr da, und das kommt ihr komisch vor. Sie meint, du willst es nicht. Und daß doch er »Die Kinder am Meer« hat.

Hat er nicht. Marys Einfluß auf Nick ist wirklich nicht der beste. Ich meine, seit sie *krankes Kind* spielt. Warum fragt ihr nicht Elsie?

Elsie war Marys Zwillingsschwester. Aus Mitleidsliebesgemisch rang sich Lebrecht zu einem Telephonat durch: Immerhin ging's an die Ostküste von Nordamerika! Er hoffte, Mary zu überraschen: Die »Kinder am Meer« stehen bei Elsie im Regal! Doch Elsie, die sofort *Oh, ja, es hatte einen blauen Leineneinband!* gerufen hatte, besaß das gemeinsame Kultbuch nicht. Aber wie gut ich mich erinnere! Mehr optisch, weniger an den Inhalt. Ich seh das Haus in den Dünen richtig vor mir, und es ist heiß, ich rieche die Kiefernnadeln vom Wäldchen! Längst fand Herr Spira den Überschwang seiner Schwägerin zu ausführlich, Überseekontakte (er sah den Atlantik vor sich) machten ihm angst, bei der es sich nicht nur um Geiz handelte, gewiß, ans Geld dachte er auch, zu einem Drittel ging's um Sparsamkeit, der Rest war etwas anderes. Er mußte Elsie stoppen: Mary weiß auch alles von den Dünen und Kiefern, Pech, daß du das Buch nicht hast, aber ich werd's schon hier auftreiben. Mach's gut, war nett, dich zu hören.

Lebrecht, du bist ein Guter (Elsie ging auf sein Schlußwort nicht ein!), nur, wenn du nichts weißt außer dem Titel, sieht's trübe aus. Das Buch ist bestimmt seit Jahrzehnten nicht mehr im Handel. Und meine und Marys Kindheit sind's auch, ha ha, lang her, und du kannst nur den Titel runterstammeln. Mach dir nichts vor, aber ...

Herr Spira nutzte ein Atemholen da drüben in Nr. 458

Grove End Lane, für die Lüge, er halte noch eine Geheimquelle in der Hinterhand, und wurde die freundliche Schwägerin los. Er mußte an den Film denken, in dem sich ein Sohn durch groteske Strapazen quälte, um für seine todkranke Mutter Greta Garbo aufzuspüren, um sie ihr am Klinikbett abzuliefern. Nur: zur Zeit der Filmhandlung lebte die Garbo, es gab sie. Was man vom verschollenen Kinderbuch nicht behaupten konnte.

Zum Glück hat sie die »Familie Pfäffling«, sagte Herr Spira jetzt aus dem Backensessel; gerade verschwand die gotische Mitte von Marys Domportalgesicht hinter dem Kakaobecher, während Christa ihrem Kaffeeschluck testend hinterherschmatzte: Der Kaffee war Herrn Spiras Werk.

Als Kind liebte ich den verträumten Frieder, er war anders als alle andern, sagte Mary.

So so. Und jetzt? Wie liest sich's jetzt? fragte Christa. Nach all der für erwachsene Menschen geschriebenen richtigen Literatur? Sie begutachtete den Band, las vor: Eine betuliche Familiengeschichte. Betulich! Hört mal, ihr zwei ...

Betulich hat zur damaligen Zeit was anderes bedeutet. Mary klang zwar aufmüpfig, aber Herr Spira fand: auch etwas lahm.

Und warum wollte Mary nicht länger über ihren Frieder reden? Sie verschwieg, daß sie sich wie als Kind in ihn verwandeln wollte, doch das ließ sich nicht wiederholen. Seit dieser Erfahrung, enttäuscht von den Pfäfflings und noch mehr von sich selber, kündigte sie ab und zu an: Kann sein, daß ich im Herbst wieder aufstehe. Keinen ließ sie wissen, warum. Bist du Hellseherin? Steht's schon fest: Du bist dann wieder fit? So ironisch fragte nur Christa, und Herr Spira, dem es etwas weh tat, wartete gespannt auf Marys Antwort. Die blieb aus. Mary hatte einen Entschluß gefaßt. Keiner sollte wissen, welchen.

Eines Nachmittags, 31 Grad im Schatten, erschien mit Johannisbeermus und einem Sechserpack Mineralwasser Christa, Nick im Schlepptau. Ich bring dir deinen Enkel, aber schick ihn beizeiten zurück, es ist so gräßlich düster bei dir, und er ist noch mit Freunden zum Baden verabredet. Denk bitte dran, Omi-Mary.

O'Mary, nicht Omi. Tag, mein Schatz. Aus dem Kirchenpfortengesicht sandte Mary ein blasses Madonnenlächeln auf Nick.

Das hier könnte interessant sein. Christa, ein Buch vom Stapel in der Hand, las vor: »Monika in Madagaskar«. Sicher wimmelt's da drin von niedlichen glücklichen Sarotti-Mohrchen.

Ich hatte den zweiten Band lieber, »Monika im Strohdachhaus«. Mary bat Herrn Spira, für Nick einen Sessel in ihre Nähe zu ziehen.

In das mit Madagaskar sollte man mal reingucken, sagte Christa, wäre ganz spannend, es aus heutiger Sicht auf Rassismus zu untersuchen.

Das Strohdachhaus steht in Bornim, wo Monika zu Haus ist. Ich hab's eingerichtet und umgeräumt, vertraute Mary Nick an.

Der blickte etwas stumpf, aber nicht abweisend.

Die Monika-Bände waren illustriert, auch die »Kinder am Meer« und »Dudeleins Garten«, in dem die armen Schippel-Kinder auf all das Obst an den Bäumen scharf waren, und die Bilder aus den Kindern am Meer hab ich nachgezeichnet und als meine ausgegeben, erzählte Mary, und Nick grinste verständnisvoll. Er war das zweitjüngste Enkelkind, und er mochte seine Großeltern, bei denen es von A bis Z anders zuging als bei ihm zu Haus. Marys Schrulligkeit interessierte ihn, seine zwei älteren Brüder interessierte sie nicht, und als einziger hatte er Lust, sie zu besuchen. Ein bißchen auch, um sich zu gruseln, seit sie kaum noch aufstand und diesen Kinderspleen pflegte. Außerdem gab's immer Zimtwaffeln oder ungewöhnliche Kuchen, heute unter einer Käsedecke mit Heidelbeeren vermanschten Teig, zuckersüß, und Nick hoffte, seine Mutter würde nicht davon kosten. Ihr Motto hieß: Bloß nicht zu süß! Es machte ihm auch nichts aus, wenn die O'Mary forschte: Warum nur liest du nicht gern?

Ich weiß auch nicht, sagte er und genierte sich nicht. Von meinen Freunden liest keiner, und wir sehen Video, und bei Marco machen wir interessante Sachen im Internet und sowieso noch Computerspiele. Ich hab keine Zeit. Vielleicht lese ich später mal.

Ich fürchte, daß du jetzt nicht liest, wird sich nicht gut auf deine Phantasie auswirken. Auf dein selbständiges Denken. Beim Lesen bist du es, der die Bilder dazu macht. Mit acht bist du schon ziemlich knapp dran, aber noch nicht zu spät.

Meine Mutter sagt, deine Kinderbücher sollte man nicht mal mit der Beißzange anfassen. Es wären nicht die richtigen.

Oh, sagt sie das! Seine O'Mary schien nicht beleidigt, sogar amüsiert, und sie verriet Nick, die Kritik verwundere sie überhaupt nicht. Unterhaltungen wie diese hatte er gern. Er könnte es nicht begründen, doch eine Ahnung gab ihm ein, daß seine Großmutter etwas Wichtiges wußte und seine Mutter nicht oder, wie genug Zucker beim Gebäck, streng ablehnte. Er kam auch nicht dahinter, warum ihm bei der O'Mary ziemlich langweilige Sachen gefielen. Dachte er sich O'Mary weg, verwandelten sie sich sofort in Kinderkram. Er hörte den meisten Erwachsenen nicht besonders gern zu. Sein Vater wollte ihm immer beweisen, wie gut er dran war, verwöhnt und nicht mal dankbar, und daß zu seiner Zeit das Leben härter mit ihm umgesprungen wäre. Seine Großeltern, den etwas wabbligen schüchternen O'brecht und die verträumte O'Mary, konnte er sich nicht streng vorstellen. Die Kindheitsrückblicke seiner Mutter fand er genauso fad. Alles bloß Belehrungen. Hier, zwischen Großeltern und seiner Mutter, an richtig süßen gelben Keksen knabbernd und richtig süße Zitronenmilch süffelnd (Pepsi und Coke hatten sie nun mal nicht), fand er immer, O'Mary hatte recht, nie seine Mutter.

Alle meine nachgezeichneten Bildchen aus den Kinderbüchern habe ich als meine Originale ausgegeben, erzählte Mary wieder mal. *Wollte* sie denn geschimpft werden? Der O'brecht räusperte sich: die übliche Warnung. Aber Mary machte weiter: Sie sahen ja auch anders aus, ich konnte es ja nicht gut genug hinkriegen, also war's nicht ganz geschummelt.

Aber ziemlich geschummelt. Christas Seufzer hieß: hoffnungsloser Fall. Und deine Schwester? Hat sie's auch gemacht?

Nein, aber mich nicht verraten.

Eigentlich dumm von euch, eure Mutter muß ja Bescheid gewußt haben. Hat sie. Und der Vater auch. Mary sagte triumphal (und Nick freute sich für sie und für sich selbst): Stell dir vor, sie haben mich dafür gelobt! Die Mutter sagte: Oh, wie wunderschön! Und zum Vater: Schau nur, wie hübsch sie zeichnet. Sie hat Ideen, sie hat wirklich Talent, sagte mein Vater und erzählte rum, wie begabt ich war.

Deine Eltern haben einen schweren Fehler gemacht, resümierte Christa. Es ist schlecht für Kinder, wenn sie sich überschätzen. Lügen sowieso. Ehrlichkeit heißt das erste Gebot.

Mary lachte, und Herr Spira gab das Räuspern auf, weil ihr Kathedraleneingang fröhlich leuchtete.

Christa, Kinder brauchen Ermutigung! Lob, egal, ob gemogelt wird. Das ist Liebe.

So bereitest du ein Kind nie und nimmer aufs Leben vor, Omi!

Nick hörte, das Leben käme von selbst und daß Mary bis zum heutigen Tag von der Schönheit ihrer Kinderjahre zehre, und er hätte schwören können, daß sie sich nicht irrte. Mary klang überheblich: Keinen einzigen Fehler haben unsere Eltern gemacht, frag Elsie, sie hat's studiert.

Herr Spira war sich nicht ganz so sicher, aber weil's um Mary ging, hielt er sich auf ihrer Seite, und die Zertrümmerungsversuche, mit denen seine Schwiegertochter auf gute Erinnerungen eindrosch, konnte er sowieso nicht ausstehen. Trotzdem hoffte er, Mary würde nicht auch noch beichten, daß sie auch Geschichten aus ihren Büchern geklaut hatte.

Was Nick ein bißchen Sorge machte, waren die Nacherzählungen der immer gleichen Bruchstücke, die seine O'Mary von der Lektüre ihrer Lieblingsbücher behalten hatte. Bei den »Simpsons« nämlich verblödete so etwa ab der 87. Folge der liebe alte Onkel Max langsam und hielt nach zehn Minuten schon wieder den Witz für neu, den er vor zehn Minuten erzählt hatte, und niemand lachte. Er unterbrach sie nicht gern, doch hielt er es für seine Pflicht: Das mit den Gewächshäusern und den Tomaten kenn ich schon, O'Mary.

Oh, ja, entschuldige. Es spielte in Estland, Reval kam vor, wie heißt das heute, Lebrecht?

Herrn Spira gelang es, von woher auch immer, doch

geisterhaft teilzunehmen, sofort zur Stelle zu sein. Tallinn, Schatz. Er zwinkerte Nick zu, er wollte lustig aussehen, aber das funktionierte nicht. Er sah besorgt aus. Nick verkniff sich *Kenn ich auch schon*, als Mary fortfuhr: Ich weiß nicht mal mehr, wieviel Geschwister es waren und wie viele davon Buben oder Mädchen. Ihr Vater züchtete Tomaten in Gewächshäusern, es war immer heißer Sommer, ganz nah an der Küste stand ihr Holzhaus. Alles Sandboden, die Kinder liefen barfuß und kamen durch ein Kiefernwäldchen ... ich sehe es genau vor mir, und ich rieche die Salzluft vom Meer und die Hitze im Nadelgehölz. Nicky, ich glaub nicht, daß durch irgendwas von deinen Computern und Videos dich jemals so beeindruckt, bis du so alt bist wie ich heute. Eigentlich, denk ich, hat's mein ganzes Leben beeinflußt, alle Lieblingsbücher, die ich als Kind gelesen habe, da gab's noch einen Waldemar, der mit vielen Enkelkindern bei seiner Großmutter Ferien machte und wie Frieder Pfäffling anders als die andern war, und deine Tante Elsie und ich, wir liebten diese Einzelgänger, waren wohl selbst welche, und die in den Büchern haben uns bestärkt. Und die ganz andern Sachen, die bei den Büchermüttern gebruzzelt und gebacken wurden! Eine Speise namens *Satte* haben wir nachgemacht. Wir ließen Milch in Schalen sauer werden und warteten auf die Rahmschicht über der Milch, die fest und glitschig werden mußte, geklappt hat's nie richtig, doch wir streuten Zucker und Zimt drauf und *waren* diese fremden Kinder, nicht mehr Elsie und Mary. So vieles haben wir nachgespielt und dazuerfunden, durchs Lesen gewinnst du ein zweites Leben zu deinem dazu ...

Etwas peinlich war's ihm gewesen, aber Herr Spira hatte sich an seinen Sohn gewandt; Gerd, als Anwalt gut im Geschäft, kannte Gott und die Welt und sicher auch einen Antiquar. Ihn störte weniger, den Vielbeschäftigten zu bemühen, als von ihm mit seinem seltsamen Problem nicht ganz ernst genommen zu werden. Doch welches Opfer wäre für Mary zu groß? Keins, und er konnte Mary überraschen: Schau her, drei Bände Else Ury und hier noch Ottilie Wildermuth. Gerd hat's geschafft, er ist doch ein guter Junge. Er hat dich lieb.

Ich find's vor allem lieb von *dir*, sagte Mary. Doch ihm fiel zweierlei auf: Ihr Freudestrahlen war etwas gekünstelt, erstens. Zum zweiten: Sie zog ihr Bein nicht mehr nach, jetzt in der Küche, wo sie Nudel- und Reisreste in ein Zucchini-Hachee quetschte. Zwischen Kühlschrank, Tisch und Herd: kein Hinken. Ging's ihr besser? Auch ihre Handgriffe wirkten wie von neuer Energie beschleunigt.

Die Bücher sind wundervoll, aber aus der Zeit vor meiner Kindheit, Lebrecht, die Tanten werden's genießen, ich geb's weiter.

Herr Spira staunte, aber noch viel mehr über Marys Ankündigung, sie werde ab nächster Woche ihr Dämmerungslager zusammen mit der Angewohnheit, Kinderbücher zu lesen, verlassen.

Großartig! rief er wahrheitsgemäß. Nur: wie konnte man seine Heilung so sicher terminieren? Hellseherei? Oder doch alles simuliert, Christas Diagnose? Unser Sohn hat dir »Asterix« als Lektüre empfohlen. Ha, ha. Im Mischgericht wirkte die Fleischeinlage ziemlich verloren; egal, verglichen mit Marys Auferstehung. Ihr gotisches Domportalgesicht war schmäler, aber der Bauch dicker geworden. Das kam vom vielen Herumliegen. Alles würde gut.

Armes Kerlchen, sagte Mary. Gerd hatte als Kind

schon nicht mehr den idealen Lesestoff, es gab schon nur noch diese anspruchsvolleren Sachen. Sie wirkte geistesabwesend und war es auch. Gerd interessierte sie schon lang nicht mehr so, wie es sich wahrscheinlich für eine Mutter gehörte, in nichts glich er ihr, und jetzt waren ihre Gedanken sowieso ganz woanders. Trotzdem, das mußte sie noch loswerden: Ich glaub's den Erwachsenen nicht, das mit ihrem Spaß an all den Comics. Sie tun nur so, weil sie es aufgeklärt finden oder so was. Schick, jung. Und ich träume nicht, dachte sie, als sie (Herr Spira war mit einer Einkaufsliste ins *Optima* abgetrottelt) ohne jegliche körperlichen Handicaps im Speicher die alte Olympia unter verstaubter Verhüllung hervorzerrte und dann in ihrem Schlafzimmer auf den Frisiertisch wuchtete. Zuerst mußte sie sich zur Übung einhämmern, ein paar Typentasten blieben immer wieder stecken, das Farbband war sehr bleich. Lebrecht müßte ein neues besorgen. Mary hatte vor ihrer Ehe für Kern & Partner gearbeitet, so lang her, und doch machten ihre Finger und ihr Kopf gut mit, die Tastenanordnung war dort gespeichert und bestens erhalten, als hätte sie diesen Gehirnwinkel all die Jahre hindurch nie benutzt. Schon am nächsten Vormittag wanderte das neue Farbband zügig von links nach rechts und wieder nach links, während Mary draufloshackte.

Herr Spira erlebte die Wandlung seiner Frau mit gemischten Gefühlen. Er müßte überglücklich sein, aber irgendwas stimmte nicht, und er war nicht überglücklich. Er verschluckte seine transatlantische Gebührenangst, als Mary sagte: Ich hab Lust, mit Elsie zu telephonieren.

Soll ich den Bücherstapel wegräumen? fragte er. Die Läden hatte sie selbst schon aufgeklappt. Ihm kam das Haus fremd vor.

Kannst du. Wird auch Zeit, daß die Türkin bei der Couch mal putzt, schon wegen Christa und unserem allergischen Sohn. (Mit einer ironisch-realistischen Mary wurde Herrn Spira erst recht mulmig.) Gut, sie fanden mich verrückt, weil ich auf dem Kinderbuchtrip war, sie fanden's pervers, aber sie ahnen gar nicht, wie *wirklich* pervers das alles ist. Mary lachte geheimniskrämerisch im Bündnis mit ihrem Zwilling: Sie telephonierte mit Elsie in Little Twin Oaks/Vermont. Lebrecht bastelte ihr zu Geschenkanlässen Telephonbons, jeder reichte für acht Minuten. Elsie verdiente als Psychologin prächtige Dollars und rief öfter an. Wie wirklich pervers ist's denn und was ist's, Mary? Elsie hatte die Rückzugsphase in die Kindheit beruflich und daher positiv bewertet. Solche Seelenausflüge gehörten in ihr Therapieprogramm. Vielleicht nicht unbedingt über Kinderbücher.

Ich hab allmählich die alten Sachen nicht mehr richtig gelesen. Mary kicherte. Ich hab sie nicht wirklich genossen, nicht wie früher. Der Stil ist meistens grauenhaft. Hunde sind immer Vierbeiner, und wenn jemand eine Milchflasche zu den andern Milchflaschen stellt, stellt er sie zu seinen *Artgenossen*, und Monikas Vater ist ein berühmter Naturforscher, der alles weiß, überhaupt sind alle Väter Professoren oder sonstwas Bedeutendes und die Mütter lieb und einfach. Und die »Kinder am Meer« hab ich nicht ergattert und andere Sachen, unter deren Einfluß ich bis heute bin, wirklich. Meinst du, die hätten mich auch enttäuscht?

Elsie glaubte: nein. Sie schlug vor: Erhalt dir unbedingt die Heimwehsehnsucht, Phantasieren ist immer das Beste, runterziehen kann nur die Realität. Mach ich, sagte Mary, und zwar schreib ich mir meine eigenen »Kinder am Meer«, und Elsie brach darüber in einen Jubel aus, und Mary war unter acht Minuten geblieben.

Mary traf sonderbare Vorbereitungen, Herr Spira hörte, wie sie zur Türkin sagte: Bis auf weiteres hab ich keine Zeit zum Kochen, wenn's nicht um meinen Mann ginge, wär's schnuppe, aber Sie kochen sowieso für die Weißen Väter, und da dachte ich, es ließe sich für meinen Mann was abzweigen, wird natürlich bezahlt.

Woran sollte Herr Spira zuerst denken? An Marys mysteriöse Pläne? Oder daß er essen müßte, was diese fürs afrikanische Missionieren zu kränklich gewordenen alten Männer bekamen? Mit einem wie aus seinem ganzen Organismus zusammengerauften Mut stellte er Mary zur Rede: Was hast du vor? Mary sprach von einer Überraschung. In ihrem Kathedralengesicht glommen die Augen wie gleich zwei Ewige Lämpchen. Die Türkin koche deutsch mit leichtem, sicher apartem türkischen Akzent.

Herr Spira gewöhnte sich rasch an die neue Lage, die Türkin kochte besser als Mary, und die tippte an ihrer Überraschung.

Als Nick nach sechs Monaten Schüleraustausch in Walthamstow, Nordostlondon, seine Großeltern besuchte, traf er alles wie vorher an, bloß die Läden waren nicht geschlossen, aber es war ein trüber Tag; aufs Essen der Weißen Väter hatten sie sich abonniert, nur Frühstück und Abendimbiß richtete Mary, die das Bein wieder anzog. O'Mary ruhte auf der Couch, O'brecht schien dauernd ins Zimmer zu spähen, es gab die idealen, sehr süßen Vanille-Zipfelmützen. Aber der Bücherstapel fehlte, und O'Mary beantwortete seine Frage, warum sie ihm nichts von der Familie mit der Tomatenzucht erzählte und von den Kiefern, krumm vom Seewind, lahm: Wovon sollte ich erzählen? Nick seinerseits fing mit dem Piccadilly Circus an, da unterbrach sie ihn: Krumm vom Seewind. Das gefällt mir. Könnte es sein, daß du mittlerweile *liest*? Dann brummelte sie so was wie *Ich könnt's noch mal versuchen* und *Krumm vom Seewind*. Nicky, du liest jetzt Bücher?

Nicht sehr oft, antwortete Nick, der sich über die aus dem Nichts leibhaftig gewordene Allgegenwart von O'brecht freute. Er half Mary dabei, sich von der Couch zu hieven, und es war ihre WC-Zeit. Nick ging im Zimmer auf und ab. Aus dem Buch, das Mary zur Zeit las, kein Kinderbuch, sondern ein Wälzer: »Krieg und Frieden«, ragte ein geknifftes Blatt, und irgendwas gab ihm ein, es wäre das *Sesam öffne dich*. Das Blatt war mit altmodischen Schreibmaschinenbuchstaben beschrieben. Nick las: »Das kleine Holzhaus stand in einer Dünenmulde. Auf seiner Rückseite schützte ein Krüppelkiefernwäldchen es vor dem Seewind.« Es folgten vier ausgeixte Zeilen. Weiter hieß es: »von einem Krüppelkiefernwäldchen auf der Rückseite geschützt. Im Juni war die Bienenweide blau ... die Bienenweide, im Juni blau ... lavendelblau ... lila ... die Bienenweide war im heißen estnischen Sommer verblüht und braun verbrannt.« In Klammern: »Krautig? Glich Braunkohl?« Nach der Klammer erneut Verworfenes bis zu: »Ein Sandpfad führte durch ein Krüppelkiefernwäldchen bis zu ????? drei? vier? Gewächshäusern. Reife Tomaten leuchteten rot im Grün der Stauden durch die Glaswände.« Oh, wie furchtbar sich die O'Mary (es *mußte* ihr Werk sein!) geschunden hatte! Nick las den Start zum nächsten Versuch, obwohl er längst dachte, er beginge einen Frevel: »Die neue Besitzerin stapfte durch den Sand rund ums Holzhaus. Alles roch so stark in der Hitze. Sie wußte nicht ... Wiedersehensglück? Enttäuschung ... wegbleiben sollen.« Mary hatte alles unterschlängelt. »Schimm liegt in der Hängematte, und es ist sehr heiß. Motten tanzen in der Luft, der Garten ist wie ein Dschungel.« Und noch zwei neue Ansätze: »Frau Dudelein erblickte über ihrer hohen Gartenmauer wieder die Köpfe der Schippels-Kinder.« »Waldemar stahl sich von den lärmenden Mitenkeln in seinen stillen grünen Schattenplatz. Er legte sich hin und wollte nie mehr aufstehen.« Den Rest der Seite hatte die arme O'Mary mit Fragezeichen vollgetippt. Nick starrte auf das Papier, und gerade als er merkte, daß er traurig wurde, erschrak er wie ein Einbrecher: So plötzlich war O'brechts Stimme neben ihm. Der Ärmste wollte den Vergnügten spielen: Ha ha, und von all solchen Fragmenten hat sie noch einen Riesenpacken. Sie meint jetzt, wiederbeleben und so was wäre nicht nötig, sie hätte die Stimmung in sich drin. Und nach den Kindern am Meer und was ihr sonst noch fehlte sollte ich nicht mehr suchen. Ist das nicht lustig? Na gut, Greta Garbo lebt auch nicht mehr. Man könnte sie auch nirgendwo mehr auftreiben. Ist doch lustig, was?

Klar, sagte Nick.

STEN NADOLNY

Die Warnung vor dem Leser

Rede über eine neuerliche Weltrettung

Meine sehr verehrten Damen und Herren!

Es fing an verschiedenen Orten auf ganz verschiedene Weise an, und niemand hätte gedacht, daß die Einzelvorgänge Vorboten einer grundlegenden Änderung unseres kulturellen Lebens sein könnten.

Nehmen wir das thüringische Ohrdruf, wo an jenem Tag ein Mann die Buchhandlung betrat, auf ein Regal zuging und ein Buch herausnahm. Rasch schlug er es wieder zu: »Nichts drin!« sagte er und griff nach dem nächsten Buch. »Kann ich helfen?« fragte der Buchhändler. »Hier auch: Es steht einfach nichts drin!« fuhr der Kunde fort. »Wir haben da drüben«, flüsterte der Buchhändler, »noch so einiges im Sachbuchbereich...« Der Kunde ging hin und griff zu, aber schon rief er: »Nichts! Gar nichts. Sehen Sie doch selbst rein!« Und siehe, es war, wie er sagte. Weißes Papier.

Oder der zunächst kaum begreifliche Vorgang im hessischen Bebra, bekannt sonst mehr als Eisenbahnknotenpunkt. Im dortigen Amtsgericht, an einem besonders hellen Tage, beklagte sich plötzlich ein Richter, statt unverzüglich das Urteil zu verkünden, über die schlechten Lichtverhältnisse. Er reichte das Papier zum Protokollanten: »Können Sie das lesen?« »Nein«, lautete die Antwort, »es steht ja nichts da.« Und in der nächsten Zeit wurde in ganz Bebra nichts gefunden, worauf irgend etwas geschrieben stand, von Urteilen zu schweigen. Die örtliche Presse hatte zunächst mit dem Artikel reagiert: »Wie blind sind unsere Richter?«, aber auch den konnte niemand lesen. Die Zeitung bestand aus leeren Blättern ohne Buchstaben, nur ein paar Photos waren zu sehen, darunter das vom brillenputzenden Amtsrichter.

Genügend frühe Anzeichen hatte es gegeben, aber sie waren nicht beachtet worden. Die zunehmende Unleserlichkeit von gefaxten Botschaften. Die zunächst nur mutwillige und aus Kalauergründen geradezu gepflegte Legasthenie in der Werbebranche. Eine neue Qualität der Unleserlichkeit von Speisekarten. Dann die ersten ungewollten Fehlleistungen. Ausgerechnet bei der Eröffnung einer Buchausstellung las der Redner ständig Salatteller statt Schriftsteller und, was schwerer wog: Buchhandlungen wurden zu Bruchlandungen. Inzwischen wissen wir, was daraus geworden ist, aber es lohnt, die Geschichte in allen Einzelheiten zu erzählen. Zunächst die Ratlosigkeit der Fernsehsprecher, als die Text-Prompter ausfielen. Die in der ersten Panik schlichtweg erfundenen Nachrichten wirkten übrigens geradezu belebend. Ferner gab es ermutigende Erlebnisse bei Lesungen, sobald den Autoren das mitgebrachte Manuskript verschwamm und sie sich im Mündlichen versuchen mußten.

Die Folgen des Buchstabenschwunds waren aber keineswegs nur erfrischend. Es kam zu Desorientierung und Entzugserscheinungen, auch zu Amokläufen von Menschen, die ohne geschriebenen Text nicht leben konnten: Sie drangen rottenweise in Wohnungen ein, um die dort vermuteten letzten Reste an Leserlichem zu ergattern.

Was war geschehen? Schon erste Vermutungen gingen in die Richtung, es handle sich um einen Wink, eine

Warnung an die lesende Menschheit. Eine Warnung *vor* dem Lesen, sagten einige, und ein müde gewordener Dichter kommentierte, die Welt des Lesens sei die Welt nicht mehr, man müsse sich von ihr verabschieden. Andere stimmten eilfertig zu: Lesen schade nicht nur den Augen, sondern der Geist sei bekanntlich ein Widersacher der Seele. Deshalb habe endlich irgend jemand da oben, ein Gott vermutlich, die Parole ausgegeben »Bücher zu Blindbänden!« Schluß mit dem Lesen – das sei nicht nur die Tatsache, das sei zugleich auch die Botschaft. Schluß mit der übertriebenen Hochschätzung des Buchs und des Lesens! Es würde ja neuerdings schon so getan, als entstünde Bildung nur durch Lesen und als würde man durch Bücher ein besserer Mensch. Da müsse denn doch daran erinnert werden, wieviel unverkennbare Stinkstiefel der Weltgeschichte den lieben langen Tag kaum etwas anderes getan hätten, als zu lesen und zu schreiben. Woher kämen denn die Betonköpfe, denen wir diese absurde Welt verdankten? Vom Lesen! Wer habe denn in den letzten zwei bis drei Jahrtausenden immer wieder zur Waffe gegriffen und andere Völker mit Krieg überzogen? Leser, Leser! Und meistens angeführt von den besten Stilisten ihrer Zeit.

Dagegen wandte sich sofort Protest. Nein, es handle sich nicht um eine Warnung vor dem Lesen schlechthin, sondern, und dafür gebe es durchaus Gründe, vor dem Leser, so wie er nicht sein dürfe, aber leider sei. Auch Autoren meldeten sich. Sie sagten, es könne sich nur um eine Warnung vor dem Schriftsteller handeln, wie der leider sei. Endlich beginne das Papier sich zu wehren, sagten sie – in der Hauptsache meinten sie damit die jeweils anderen Autoren, suchten aber großmütig die Schuld auch ein bißchen bei sich selbst. Man wußte gleich, wo man zu weit gegangen war: Allein schon der törichte Kult um das »Kultbuch«, neuerdings sogar »Suchtbuch« genannt! Dazu die ständige zwanghafte Uminterpretation kühler Geschäftsleute in »warmherzige Beobachter« oder »feinsinnige Dichter«, zu schweigen von der Kohorte der »Sinnstifter in sinnloser Zeit«. Schluß damit! »Lassen wir uns nicht mehr in Versuchung führen«, rief ein besonders prominenter Autor, der für blitzartiges Erfassen von fast allem bekannt war, »weg mit jeder priesterlichen Literatur, mit Päpsten und Gurus. Versuchen wir nicht mehr, unsere dünn geratenen Erzählungen mit allerlei Tricks zur Pflichtlektüre zu machen.« Er verkündete, was allen sofort ungewöhnlich originell vorkam, das »Ende der Unbescheidenheit«. Sie sei es, gegen die das Papier rebelliere. Womit er freilich wieder einmal die Urheberschaft von Autoren am Gesamtgeschehen überschätzte – er erfaßte alles gar zu schnell.

Wo lag aber wirklich der Grund? Wer hatte den Schlag geführt? War es der Aufstand der Schrift gegen ihren jahrhundertelangen Mißbrauch? Die Notwehr der Bücher gegen Überforderung? Man wußte es nicht.

Einem Lehrer fiel ein, daß ein Kind ins Hausheft geschrieben hatte: »Dieser Aufsatz ist mit unsichtbarer Tinte geschrieben.« Sonst war keine Schrift sichtbar gewesen, also hatte er das Kind bestraft, was aber vielleicht falsch gewesen war, vor allem folgenreich. Wer weiß schon, was in einem Kind steckt?

Man versammelte sich in den öffentlichen Bibliotheken, um gemeinsam nachzudenken. Es kam dort sogar zu so etwas wie Gebeten: »Du, der du Schriften unsichtbar und wieder sichtbar machen kannst, hab ein Einsehen und laß uns, bitte, mit diesem Fernsehen nicht allein!« Es meldeten sich einige Prominente, die mutig zugaben, schon seit längerer Zeit unter Symptomen zunehmender Schriftlosigkeit zu leiden. In einer der Versammlungen trat sogar ein Literaturkritiker auf und gestand, den Inhalt von Neuerscheinungen seit rund zehn Jahren nur vom Hörensagen zu kennen. Man stand betroffen, konnte dem Armen aber nur den Vorwurf machen, viel zu lange und mit erschreckend geschickter Rhetorik über den Mangel hinweggetäuscht zu haben.

Das Nachdenken, welches jetzt ohne Tagesordnungen, Ghostwriter, Stichwortlisten und Unterlagen zu derber Nacktheit zurückfand, kam zu unerwartet soliden Ergebnissen. Sie seien im Folgenden kurz rekapituliert:

1. Woher immer die große Warnung gekommen ist – von oben, von außen oder aus verborgenen Zweigen der menschlichen Seele –, sie ist deshalb erfolgt, weil es seit geraumer Zeit niemand mehr wagte, den Leser kritisch unter die Lupe zu nehmen. Dabei ist klar, daß dieser durch die Art, wie er Geschriebenes aufnimmt und verarbeitet, ein hochgefährliches Subjekt sein kann.

2. Es liegen Erkenntnisse darüber vor, daß nicht alle in gleicher Weise buchstabenblind geworden sind. Kinder zum Beispiel lasen auch auf dem Höhepunkt der Krise recht flüssig und vollständig. Es empfiehlt sich also, Kinder beim Lesen zu beobachten und von ihnen zu lernen. Andererseits zeigten die schlimmsten Ausfälle jene Menschen, denen es bei Büchern nie wirklich auf den Inhalt, etwa den Gang der Handlung, angekommen ist. Im Lager der *political correctness*, wo ein Buch vor allem danach beurteilt wird, ob es aufgestellte Vermeidungsgebote einhält und geforderte Be-

troffenheitsgesten abliefert, wurde nur noch schnee-
weißes Papier gesichtet.

3. Versuchsweise bot sich die These an, es handle
sich nur um eine Warnung vor dem *verkrampften* Leser,
dem Pflichtleser, dem Berufsleser, ferner vor dem, der
vom Buch zuviel Führung oder sogar Religionsersatz
erwarte. Man erkennt ihn ja an seiner permanenten
Enttäuschtheit. Schon beim Betreten eines Buchladens
steht ihm der Satz ins Gesicht geschrieben: »Es geschieht der zeitgenössischen deutschen Literatur ganz
recht, wenn ich unter ihr leide.«

Lesen ist eine brauchbare Wahrnehmungsart, aber
nur dann, wenn es freiwillig und mit Genuß erfolgt.
Auf keinen Fall dann, wenn es Befehlen gehorcht oder
gar von einer Sucht nach Gewißheit geprägt ist. Man
denke an alle, die dazu neigen, Buchinhalte zur
alleinigen Wahrheit zu erheben (leider meist unterstützt
von der Auflagengier der Autoren und Verleger), ferner an jene, bei denen jegliches Lesen im wesentlichen
darauf hinausläuft, daß sie die Dummheit anderer noch
mehr hassen können als vorher. Da gibt es Leute, die
lesen überhaupt nur, um sich die Legitimation zu maxi-
maler Arroganz zu verschaffen. Im Schweiße ihres Angesichts, naheliegenderweise meist auch ohne jedes
Verständnis, arbeiten sie den ganzen Nietzsche durch
und leiten dann aus ihrer ungelungenen Riesenarbeit,
nur weil sie schwer war, große Verdienste und ein un-
begrenztes Rederecht zum Thema »Nietzsche« ab.

Bahnbrechend wirkte, auf dem Höhepunkt der Krise,
das Werk »Warnung vor dem Leser« von Bartschedel
und Brägentreu, auch wenn es zunächst weder nieder-
geschrieben noch gelesen werden konnte. Es wurde in
den Bibliotheksversammlungen portionsweise von
den Autoren selbst vorgetragen. Der Verlust des Le-

sens, so verkündeten sie, gehe Hand in Hand mit dem Verlust der Kindheit. Lesen verlange eine Hingabe, die, richtig verstanden, eo ipso auch unverkrampft sei. Bartschedel und Brägentreu entwickelten Methoden, um besonders schwer geschädigten Personen die unbefangene Hingabe ans Buch wieder beizubringen, ohne daß daraus neue Unterwerfung und Selbstaufgabe wurde. Das Lernen war mühsam, es konnte zunächst nur Einstellungskorrekturen erreichen, denn das Übungsobjekt Buch grinste weiterhin mit leeren Seiten. Es ging den beiden Pionieren vor allem darum, den Sinn fürs Erzählen wieder zu wecken. Erzählen war das Geheimnis jedes guten Buchs, sogar des Sachbuchs. »Lest Marxens ›Kapital‹ als Kolportageroman«, rief der leidenschaftliche Bartschedel in den Saal, »Freuds Schriften als Räuberpistole, lest Nietzsche endlich so, wie er selbst gern gelesen worden wäre! Ihr ergebnisorientierten Sätzepicker, ihr emsigen Anstreicher und wandelnden Textmarker, Sumpfhühner der Sinnsuche, werdet spielerisch, phantasievoll, legt die Verbiesterung ab, entdeckt die heitere Souveränität eines wirklichen Ernstes, dann werdet ihr – vielleicht – wieder Buchstaben erkennen können!« Und der bedächtige Brägentreu ergänzte: »Wer liest, findet keine Welt vor, er stellt selbst eine her. Erst wenn ihr nicht mehr nach Werken sucht, auf die ihr euch ewig verlassen könnt, dann werdet ihr aus Büchern etwas anderes gewinnen als Enttäuschung, üble Laune und Destruktion.«

Solche Erkenntnisse allein schienen das Übel schon ein wenig zu verbessern: In Bebra konnten plötzlich wieder schriftliche Urteile verkündet und Zeitungen gelesen werden. Die »Stiftung Lesen e. V.« benannte sich um in: »Stiftung Lesen aber wie e. V.« Sie leistete als solche bessere Arbeit als je zuvor. Und der Kritiker rief eines Tages aufgeregt, er habe jetzt bei Handke ganz deutlich einen Schimmer; bei Walser zeichne sich sogar ein Schriftbild ab.

Sie wissen, meine Damen und Herren, wie die Geschichte ausgegangen ist: gut! Die menschliche Vernunft hat es, weil sie rechtzeitig gewarnt war, gerade noch geschafft, die Finsterkeiten zu verscheuchen, den Gewinn und die Freude des Lesens wiederherzustellen. Jetzt erst sind Menschen und Bücher zu Freunden geworden – jahrhundertelang war das lediglich behauptet worden. Der Leser von heute ist kaum mehr zu manipulieren, weil er heiter und gelassen bleibt und ohnehin nur das Nötigste glaubt. Autoren versuchen nur noch selten, sich zu apokalyptischen Autoritäten zu erheben und das Weltgewissen für andere zu sein – der Leser durchschaut solche Geschäftstricks sofort und lacht herzlich darüber. Vergnügen macht auch das Schicksal der politischen Korrektheit. In diesem Lager hatte der Schriftentzug schon früh zugeschlagen, und es war dann am längsten von ihm betroffen. Die Korrekten konnten, wenn sie nichts erkannten, auch nichts Unkorrektes mehr erkennen. Dabei gab es jetzt, so hörten sie zu ihrem größten Verdruß, wieder eine große Menge davon.

Wir stehen am Ende eines Jahrhunderts voller sinnloser Gewalt, die unter anderem auch von einem verbissenen Heer unfreier, politisch oder religiös glaubenssüchtiger, manipulierbarer Leser verschuldet worden ist. Früher hat das Buch – zur Waffe gemacht von seinen Autoren *und* Lesern – jeden Untergang nur noch beschleunigt. Heute aber, dank jener Warnung zur rechten Zeit, ist das Buch die Rettung schlechthin. Es sind heute die Leser, die eine tolerante, aufmerksame und hilfsbereite Umgebung bilden, in der zu leben eine Lust ist. Die Rettung der Menschheit ist sicher, und zwar mit Hilfe des Lesens und des Lesers. Dafür gibt es Beweise, und sie seien hier genannt:

Erstens: ...?!

Ich fürchte, ich ... Könnte es sein, daß das Licht hier irgendwie ...? – Also, ich muß an dieser Stelle abbrechen, meine Damen und Herren, ich habe da plötzlich eine eigentümlich blasse Manuskriptseite. Pardon! Danke für Ihr Verständnis!

HELMUT KRAUSSER

In libris

Ich habe oft behauptet, meine erste Lektüre seien die griechischen Götter- und Heldensagen gewesen, in der Schwabschen Volksausgabe. Vielleicht war das eine Lüge, und vorher kamen noch »Die fröhlichen Falkenbergs im Geisterhaus« von – ich weiß nicht mehr wem. Das ist lange her.

Wahr ist, woran man sich erinnert.

Letztgenanntes Buch tat mir, nur deshalb blieb sein Titel unvergessen, große Dienste. Indem ich es mit dem Papiermesser aushöhlte und drinnen verbotene Dinge versteckte. Feuerwerkskörper, eine selbstkonstruierte Miniaturguillotine für kriegsgefangene Wespen, Zeitungsausrisse nackter Frauen, Zigaretten.

Mein Vater brachte mir das Lesen bei, als ich gerade vier geworden war, und er tat es, damit ich in der Schule einen anständigen Vorsprung erzielen sollte. Er war sich nicht bewußt, mir etwas zu geben, das seine erzieherische Tätigkeit konsequent auf viele Jahre hin unterlaufen und entwerten würde.

Karl May las ich mit sechs, den »Nürnberger Prozeß« mit neun, und wenn andere Cowboy & Indianer spielten, verurteilte und erhängte ich Nazigrößen im Luitpoldpark. Kishon liebte ich mit zehn, Hesse-Prosa mit zwölf. Kishon trug mir schiefe Blicke ein, schlimm wurde es mit vierzehn, als es bei Suhrkamp den fetten roten Band mit allen Brecht-Dramen gab. Mein Vater fragte mich, ob ich Kommunist sei, ich antwortete, daß in meinem Alter doch alle irgendwie Kommunisten seien. Es war als Beschwichtigung gemeint, und ich erntete Ohrfeigen.

Mit fünfzehn der Bukowski-Eklat. Es gab beim 2001-Verlag ein Paket, bestehend aus Gedichten, einer Lesungsschallplatte und einem Poster. Dieses Poster zeigte Buk im Unterhemd, an den Kühlschrank gelehnt, links neben sich eine abgetakelte Hure, rechts neben sich eine Bierflasche. Es hing kaum länger als eine Woche in meinem Zimmer, dann fetzte es mein Vater (auf Anordnung, natürlich, meiner Mutter) von der Wand. Man muß dazusagen, daß – wäre schulisch alles in Ordnung gewesen – mir völlige Handlungs- und Meinungsfreiheit zugesichert gewesen wäre. Es handelte sich also keineswegs um eine ideologische Maßnahme, sondern um eine liebevolle.

Schulisch war überhaupt nichts in Ordnung. Daß ich im Französischunterricht unter der Bank Gedichte von Verlaine übersetzte, beeindruckte meinen Französischlehrer zwar, hinderte ihn gleichzeitig nicht, mir Sechser noch und noch zu verpassen. Ähnlich verhielt es sich mit der Physik, wo ich gern Nietzsche las. (In seinem Fall wußten meine Eltern nicht, wie sie zu dem stehen sollten, und ich denke, genau das war Nietzsches Lebensziel: Er hat alles daraufhin verfaßt, meinen Eltern einmal unetikettiert zu begegnen. Ist ihm gelungen.)

Das Prägendste liest man mit der Taschenlampe unterm Kopfkissen. Von Marvel-Comics bis Hölderlin. Wenige Bücher behält man lebenslang im Herzen, die meisten sind Lebensabschnittspartner.

Ein Buch, das mir viel gegeben hat, als ich zwölf war, wie zum Beispiel »Ich, Claudius, Kaiser und

Gott« von Ranke-Graves, ist nicht deshalb schlechter geworden, weil ich heute älter bin. Sich nachträglich für einen überwachsenen Jugendgeschmack zu entschuldigen ist ein ebenso häufiges wie dummes Unternehmen. Nicht die Zeit des Buches, meine Zeit für dieses Buch ist vorbei.

Im Zweifelsfall leben die Bücher länger als ihre Bestatter. Ein Buch, das mir einmal wichtig war, behalte ich in ehrendem Angedenken. Wenn es mir beim Wiederlesen mißfallen sollte, trage ich die Schuld, niemand sonst. Beschämt stelle ich es ins Regal zurück, lasse es in Ruhe oder empfehle es weiter.

Unser Urteil kann reifen noch und noch, kann ebenso *überreif*, hybrid und senil werden, wer maßt sich an, den Höhepunkt unserer Urteilskraft festsetzen zu können? (Kritiker)

Nach dem Bukowski-Eklat bestrafte ich meine Eltern damit, nur noch sporadisch zur Schule zu gehen, schlechte Noten und blaue Briefe in einem sehr dicken Album zu sammeln.

Mit der Schultasche ging ich morgens in die Gemeindebücherei und las.

Stellte mir eine Art Stundenplan zusammen.

Zuerst eine Stunde schwere Philosophie. Hegel, Sartre. Marx. Heidegger.

Dann eine Stunde leichtere Belletristik, danach vielleicht etwas Lyrik, wie ein Stück Obst, und zum Ausklang heiter einhändiges Sportlesen im de Sade oder in einem dieser Bände erlesener Kunstaktphotographie – den Pornos für betuliche Gemüter.

Die Bibliothekarin, wäre sie nicht doof und gemein gewesen, hätte, zwischen den Regalen, unter ihrem Schreibtisch oder sonstwo, viel Sex mit mir haben können, superstrapazierfähig ausdauernden Lustknabensex, der ihr von ihrer braunbestrumpften Nickelbrillenhäßlichkeit her nicht zugestanden wäre, den sie von mir dennoch bekommen hätte, umsonst, heftig und regelmäßig, weil sie die einzige Frau an diesem einsamen Ort war.

Unbegreiflich. So, als wär's umgekehrt gewesen, als hätte ich mich ihr schreiend verweigert, fragte sie mich eines Morgens, ob ich nicht wie alle Kinder schulpflichtig sei, ob sie nicht mal meine Eltern anrufen müsse . . .

Die darauffolgenden Prügel machten mich, das erste und einzige Mal, zum literarischen Märtyrer.

Ich verachte Märtyrer und Faust-Verschnitte, in sich gekrümmte Fäustlinge, die ihr Leben kompromißlos der Kunst widmen, deren Besessenheit in der Zwingburg eines Zieles landet, die unmenschlich werden und doch nicht göttlich. Das schönste an Märtyrern ist, daß sie tot sind.

Von da an bin ich schlauer gewesen, bin morgens weit gefahren, begann, die Büchereien systematisch zu wechseln, Bände, die mich interessierten, zu stehlen und im Wald zu lesen. Leihen ging nicht – unter sechzehn brauchte man eine Einverständniserklärung der Eltern, und die wollten, wie gesagt, alles fernhalten, was mich vom *Lernen* ablenken konnte.

Meine erste geheime Bibliothek war in hohlen Bäumen gelagert, Holz zu Holz, es ging nicht anders, mein Zimmer wurde an jedem dritten Tag durchsucht. Ich verstehe meine Erzeuger, sie wollten verhindern, daß ich anders würde als sie selbst, sie hatten Angst um mich, ja, und begründete Angst – ich wollte ihnen wirklich in nichts ähneln. Das hat sie um den Verstand gebracht, sie hätten mich beinah zu Tode geliebt.

Meine erste geheime Bibliothek wurde von Schnekken und Würmern besucht und faulte im Herbstregen. Manche Bücher wurden von Spaziergängern gefunden und anstandslos mitgenommen.

Bücher zu stehlen ist ein fast ebenso sinnliches Vergnügen wie Bücher zu lesen. In vielen Fällen war es aufregender, das steht fest.

Mit siebzehn entdeckte ich die Faszination von Dichterlesungen in Bibliotheken und Buchhandlungen. Die Dichter waren mir eher schnurz, meist hörte ich gar nicht erst zu. Saß lieber hinten in der letzten Reihe und stopfte mir die Jackentaschen voll.

In der Germeringer Gemeindebücherei war das wie Fischen im Aquarium. Man saß (natürlich nur im Sommer) am offenen Fenster, warf die vorher ausgewählten Bücher dutzendweise raus ins Gebüsch und sammelte sie spät nachts ein. So kam ich nach und nach zu umfassendem bibliophilen Besitz.

Aber mit achtzehn, eine Stunde nach meinem Geburtstag, stieg ich in den nächsten Zug weit fort, ließ alles zurück, sogar die Bücher. Ein tiefer Einschnitt war nötig.

Das Leben, das jetzt begann, als Mitglied einer Drückergang im VW-Bus quer durch Norddeutschland, vertrug sich nicht mit Büchern, es sei denn, daß es irgendwann in einem enden wird. Das ist eine andere Geschichte.

Monate später, in der ersten eigenen Wohnung, kam der Rückfall. Um meine Einkünfte als Kinokartenabreißer und Opernstatist ein wenig aufzufrischen, drängte ich mich einer Stadtzeitung als Rezensent auf und bestellte von den Verlagen viele viele Bücher.

Manche las ich an, die guten wurden gelobt, die schlechten nach Lektüre des ersten Drittels verrissen.

Viele Bände wurden nur im Hinblick auf ihren Wiederverkaufswert in den Antiquariaten bestellt. Ich war erwachsen geworden.

Das Lesen seither hat nie mehr den gefährdeten Zauber der frühen Jahre wiedergewonnen. Es sei denn im gloriosen Moment, in dem selber Geschriebenes für fertig *(vollendet)* befunden und an den Verlag geschickt wurde. Und immer, wenn eins meiner Kinder in der Auslage eines Antiquariates auftaucht, gibt mir das Stiche ins Herz: Jemand hat es AUSGESETZT! Mein Buch! Grausame Welt!

Aber wenn es, Wochen später, aus der Auslage wieder verschwunden ist, Aufatmen.

Jemand hat es adoptiert.

Danke. Behandelt es gut.

MARCEL BEYER

Nachtwache

Ich lese nicht. Ich habe nur gesessen, stumm und überwach, mit einem aufgeschlagenen Malbuch auf den
Knien, und möglichst lang verharrt bis tief, noch tiefer
in die Nacht, aus Furcht, von einem Einbrecher überrascht zu werden, im Schlaf, allein, von sonst einer Gestalt, die in das Fenster schaut im Dunkeln. Davor, im
Verlauf der nur noch kurzen restlichen Nacht, im
Schlaf, das Augenlicht zu verlieren. Es gab da keine Mü-
digkeit, und trotzdem sollte, allein zur Sicherheit, ein
großes Kissen im Rücken mich davor bewahren, nach
und nach in die Schlaflage zu rutschen, mich hinzulegen
und am Ende doch noch wegzudämmern.

Ich habe nicht gelesen, nur aufrecht da im Bett gesess-
sen und geschaut. Ich konnte gar nicht lesen, ich bin
nur, eine Seite nach der anderen, diese schwarzen Konturen mit den Fingerkuppen abgefahren, auf faserigem,
graugrobem Papier. Kurz vor dem Rand der Seite aber
brach die Bewegung ab, da hielt der Finger an und
kehrte um, zurück über die längst abgefahrenen Linien,
holzig und stumpf, die Kante hätte in die Haut ge-
schnitten. Die Ränder waren schon vergilbt, das Malbuch hatte lang in einem Schreibwarenladen gelegen,
in einem Stapel, unbeachtet, und der Sonne zuge-
wandt, bevor es irgendwer herausgezogen hatte, um es
als ein Geschenk mitzunehmen für mich, ohne es erst
noch aufzuklappen und die Zeichnungen zu prüfen.

Ich habe nicht gelesen, ich habe nur die Tiere, Szenen, überzeichneten Figuren eine nach der anderen betrachtet, die kurzen Bildergeschichten, in die sie ab und zu verwickelt waren, doch ohne Spannung, ohne Neugier. Ich kannte die Figuren nicht, niemand hätte sie jenseits dieses Buches kennen können, die Tiere hatten keine Namen hier, es waren Nachahmungen, mit breitem schwarzen Strich hastig entworfene Gestalten ohne Eigenleben. Ich habe die Figuren zur Kenntnis genommen, ebenso schnell und oberflächlich wie der Zeichner bei ihrer Entstehung, als er, kaum daß die eine abgeschlossen war, die nächste schon begonnen hatte, ohne noch einen Blick auf das letzte Blatt zu werfen. Ich habe sie mehrfach in dieser Nacht von neuem überflogen, nur um mich wach zu halten. Ich hätte sie, so lautete die Vorgabe, mit Buntstiften nach meiner eigenen Vorstellung zu Leben erwecken sollen. Ich hatte keine Vorstellung, es gab nichts auszumalen.

Es gab hier nichts zu lesen, Buchstaben gab es nicht, an keiner Stelle, nicht einmal auf dem Einband stand ein Wort wie Malbuch, der Zweck des Buches wurde nur durch eine farbige Zeichnung angezeigt, mit einer Palette, einem verklebten Pinsel und einer Gestalt, bislang allein zur Hälfte ausgemalt, wodurch nun offenbar der Benutzer zum Weitermachen angeregt werden sollte. Bildlich gesehen, denn auf dem glatten Einband blieb kein Buntstift, keine Wasserfarbe haften. Doch innen auf den Seiten ließ sich auch nicht einfacher malen, weil dort, im Gegensatz zum Einband, die Farbe umgehend aufgesogen wurde. Man hätte diese Flächen immer wieder neu mit dem Pinsel bestreichen können, die Farbe wäre doch verschwunden.

Ich habe nicht gemalt, nicht mit den Wasserfarben, überwach. Die ganze Seite wäre naß geworden, bald gerissen, das Wasser wäre durchgesickert. Die nachfolgenden Blätter wären an völlig unpassenden Stellen mit einem roten, blauen, gelben Schimmer getränkt worden, dann nur noch grau von den vermischten Farben. Nur graue ungestalte feuchte Blätter, die sich bald wellten, die schließlich auch zu riechen begonnen hätten, doch nicht nach Holz, sondern nach Leim, nach Wellpappe, wie Ruß, beißend, den Atem nehmend, faulig auch. Buntstifte hätten, selbst bei festem Strich, kaum einen blassen Schatten auf den Seiten hinterlassen. Filzstifte drückten, wie die Wasserfarbe, durch, mit ihnen war es noch unangenehmer, weil ihre rauhe Spitze auf dem rauhen Papier um so heftiger kratzte. Und außerdem bleibt eine Ente immer eine Ente, auch wenn man sie rot ausmalt, oder grün. Das gilt genauso für die Hasen und die Hunde, mit ihren blinden Augen, wie deren Blick um Haaresbreite an einem zweiten Hund vorbei gerichtet ist.

Was aber hätte ein Einbrecher, falls ich das Licht gelöscht hätte und eingeschlafen wäre, in dieser Wohnung, mit mir anfangen sollen? Wer hätte sich von außen an der Fensterbank hinauf hangeln sollen, um in ein dunkles Zimmer hineinzuschauen? Warum denn nicht in ein beleuchtetes, wo es etwas zu sehen gegeben hätte, in dieses hier, wo ich im Bett saß, unter der Decke, unter der kahlen Deckenleuchte? Die restlichen Räume der Wohnung waren dunkel, dort gab es nichts zu sehen. Einen Augenblick lang eine Silhouette am Fenster, die gleich verschwindet, als man sie bemerkt. Den Rest der Nacht dann fragt man sich, wie lange sie schon dagewesen sein kann, bevor man zufällig den Kopf gewendet hat. War es tatsächlich eine bloße Silhouette oder doch ein wirkliches Gesicht, vom Licht des Zimmers angestrahlt? Mit Zügen, Falten, Augenhöhlen,

Haar? Ausmalungen hat es nicht gegeben. Das faulige Papier, der Leim, die Späne, dazu die unberührten Stifte und den Kasten mit den Wasserfarben. Nichts sonst, kein Wort, keine Buchstaben, nichts zu lesen.

Es gab auch nichts zu hören, weder von draußen noch aus den anderen Wohnungen. Oben wohnte einer, der nicht richtig sprechen konnte, jetzt aber schlief er wohl. Den ganzen Tag hörte man von oben Stimmen, zum Teil immer wieder dieselben aufgeregten Wortwechsel, dazwischen dann, sehr langsam, tonvoll, Monologe, ohne daß aber etwas davon zu verstehen gewesen wäre. Das waren die Sprecher auf den Märchenplatten. Am Anfang hatte ich gedacht, dort oben in der Wohnung sprächen die Bewohner niemals miteinander, sie hörten immer nur die Stimmen von den Platten, anstatt auch selber noch zu reden. Als ich sie aber einmal auf dem Hausflur sah, durch den Spion, bekam ich mit, daß dieser Märchenton auch schon ihr eigener war, der Märchenhörer hatte genau solch eine verzerrte Stimme, er sprach gedehnt, als wäre er sein eigener Erzähler.

Ich hatte keine Märchenplatten, nur das Malbuch auf den Knien. Nun war es Nacht, ich sah nicht auf die Uhr, niemand erzählte, niemand kam. Weil es nichts auszumalen gab, durfte das Buch nicht weggelegt, das Licht nicht ausgemacht werden. Es würde dabei bleiben, bis zur Dämmerung. Ich wußte, mußte es mir nicht erst ausmalen, was mir bevorstehen würde, falls ich doch schliefe, wie jeden Morgen mit dem Aufwachen: Ich wäre, trotz Licht (inzwischen von der Deckenleuchte und von draußen) blind.

Das war mir bekannt aus vergangenen Wintern, wenn ich versuchte, die Augen zu öffnen wie zu anderen Jahreszeiten, und nur ein Schmerz zu spüren war, statt Licht zu sehen. Nur eine Ahnung hinter den geschlossenen Augendeckeln, von Morgen, Helligkeit, von Atem, der als Wolke ausgestoßen wird, dabei der unruhige Blick auf Adern, Flecken, roten Schimmer, nichts. Diese Gewißheit, die Fensterscheibe ist von Blumen bleich, vereist, und warmer Hauch, die Fingerkuppen könnten eine freie Sicht nach draußen schaffen (ob Schnee, ob Rauhreif, einfach hartgefrorene Erde), Ausgucklöcher auf das frostüberzogene Gelände dort. Diese Gewißheit zwar, doch nicht die Fähigkeit, aus dem Bett zu steigen und das alles auch zu sehen, weil mir die Augen verklebt waren über Nacht mit Tränenflüssigkeit, oder mit sonst einem geronnenen Sekret.

Ich hätte nach der Flasche mit der Lösung auf dem Nachttisch greifen, ich hätte blind den Schraubverschluß aufdrehen können. Der Wattebeutel lag dort ebenfalls, ich hätte einen Bausch formen und ihn mit der Reinigungsflüssigkeit tränken können, mit dieser Jodtinktur, der Myrrhe, Alkohol (ich habe diese Lösung nie gesehen, nur gerochen jeden Morgen, wie ich auch nie den Zustand meiner Augen morgens habe sehen können). Ich hätte selber tupfen können, nach und nach über die Lider, nach jedem Durchgang prüfend, ob sich die Augen öffnen ließen. Ich hätte einfach reiben können mit den Fingern. Ich hätte blind aufstehen und mich durch das Zimmer tasten können. Ich hätte notfalls weit bis in den Vormittag mich ohne Augenlicht in der Wohnung bewegen können, vielleicht hätte sich die Verkrustung der Wimpern schließlich von allein gelöst.

Um aber erst gar nicht in diese Lage zu geraten, hieß es nun wach zu bleiben, auch wenn es vielleicht keine Einbrecher mehr geben sollte diese Nacht. Die Augen nicht zu schließen hieß: Die Lider können nicht verkleben, wie auch die Fensterscheiben nicht vereisen, solange man noch wach ist. Die Fensterscheiben waren klar, die Augen offen. Die schwarz geränderten im Buch, mit jeweils einem schwarzen Punkt versehen, sie sollten lebhaft schauen, doch es blieb ein toter Blick, daran konnten auch Lachfalten in den Augenwinkeln, um die Nase, nichts mehr ändern, dadurch wurden die unbekannten Wesen nur zusätzlich entstellt. Wenn sie die Fähigkeit gehabt hätten zu sprechen, hätten die Stimmen ebenso nachgeahmt geklungen wie die des Märchenhörers oben, er hatte keinen Namen. Ich habe nur gesessen, stumm, ich mochte die Konturen nicht mehr sehen, zusätzlich zu den breiten schwarzen Linien gab es auf manchen Seiten schmale, unbeabsichtigte Striche, die nicht zu der Figur gehörten, das war auch kein Gekritzel, da waren Haare eingeschlossen im Papier. Die Malbuchseite war von meinen Fingern feucht, ich habe nicht geschaut, als die Glühbirne in der Deckenleuchte platzte.

Einen Moment lang blieb ich sitzen, aufrecht, roch (es roch verbrannt im Dunkeln), an das Kissen im Rücken gepreßt, Glassplitter auf dem Federbett. Dann rutschte ich unter der Bettdecke auf die andere Seite hinüber, vorsichtig, um die Scherben nicht noch weiter über das Bett zu verteilen, als sie ohnehin gefallen waren, im Dunkeln, ohne etwas zu sehen, nur tastend, rasch, unter das zweite, noch kalte Federbett. Das Malbuch, aufgeschlagen, blieb bei den Splittern liegen, bei den Filzstiften, Pinseln auf der Decke. Nicht weit davon auf dem Nachttisch das Wasserglas, das Wasser nach wie vor ganz klar, von keinem Rot, von keinem Blau getrübt. Nicht eine einzige der vorgegebenen Strichzeichnungen ausgemalt, nicht eine dieser Enten,

Kühe, Straßenszenerien angerührt, nicht einmal ein Gesicht dieser verzerrten, toten und erfundenen Figuren mit breitem schwarzen Strich ganz übermalt, und zugedeckt, im Farbenbrei ertränkt, zerrieben. Ich schlafe nicht, ich liege wach, die Augen aber waren nun schon verloren. Jetzt hätten die Gestalten kommen können.

BIRGITTA ARENS

Der Lesebaum

Eckchen gefunden
Versteckt
Aus Versteck heraus
Leben betrachtet Noch
Immer von keinem entdeckt

Ganze Tage in den Bäumen. Das Buch las ich nie. Der Titel genügte. Ich verbrachte meine Kindheit in Bäumen. Lesend. Mich versteckend.

Manchmal, zwischen Blättern und Büchern verborgen, sah ich hinaus. So viele Menschen. Die sich so heftig bewegen. Und nichts, nichts passiert.

Also lesen.

In einem heimlichen Raum, von Blättern und Büchern umgeben.

Wie wunderbar dieser Raum war.

Wunderbarer als alles da draußen.

Eltern mit ihrem Alltag beschäftigt.

Eltern mit ihrer Nicht-Liebe beschäftigt.

Eltern, verzweifelnd, weil sie (so dachte ich) einfach nicht lasen. Leben, ohne zu lesen: Das heißt nur ein einziges haben.

Und wenn das nicht reicht.

Also lesen. Glücklich. Verzweifelt. Erklär mir Liebe. Das in der U-Bahn, leise natürlich, aber der Mensch, mir gegenüber, schaut mich sehr streng und sehr mißtrauisch an. Erklär mir Liebe, was ich nicht erklären kann.

Erklär mir Liebe, was ich nicht erklären kann:
sollt ich die kurze schauerliche Zeit
nur mit Gedanken Umgang haben und allein
nichts Liebes kennen und nichts Liebes tun?
Muß einer denken? Wird er nicht vermißt?

Die Welt ist ein Text, den ich teilweise auswendig kenne. So ein gelehriges Kind. Geht im Herbst durch den Park.
Sagt: Herbst ist ein Wort, das ich mag.

Und auch das Licht.

Dies ist ein Herbsttag, wie ich keinen sah.
Die Luft ist still, als atmete man kaum.
Und dennoch fallen fern und nah die Blätter ab
von jedem Baum.

Ich schaue nicht nach. Ich will nicht ordentlich zitieren. Ich will leben in Texten. Sei es in der U-Bahn. Sei es im Park. Überhaupt: Ich will leben. (Ach, dieser Herbsttag. Er war wirklich schön. Das Welken der Rosen und überall auf dem Boden die Blätter der Buche, die leuchten wie Ruths rotes Haar. Ein Tag, fast ganz ohne Wind. Nur manchmal ein Blatt, das sich sachte vom Baum löst und fällt, aber plötzlich von einem Hauch in die Höhe gehoben, lange Zeit in der Luft schweben bleibt, aufs neue hinabsinkt und wieder hinaufgeweht wird, manchmal auch stillzustehen scheint, als würd es dort, in der Luft, von meinem betrachtenden Blick ganz sicher gehalten. Das Licht nicht mehr grell, sondern vielfach gebrochen und in den Gärten die goldbraunen Astern wie blühende Sonnen, hell

leuchtend am Rand, sich zur Mitte hin langsam verdunkelnd.
Und jede der Farben scheint eine zweite und dritte zu bergen, und keine von ihnen tut weh.)

Leben, tatsächlich. Leben in einem Baum. Leben in Texten. Gleichviel, ich lebe.

Weil Leben, Atmen, doch das Höchste ist.

Gleichviel, ich lebe. Bin ich auch nur das Schattenbild in einem Traum
(in einem Baum?).
Kalauer mag ich.
Soap operas mag ich.
Nicht zu vergessen Karl May.
Irgend jemand versank, ich erinnere mich, irgend jemand versank unaufhaltsam im Sand.

Gleichviel, ich lebe.
Bin ich auch nur das Schattenbild in einem Baum.

Ja, als der Major Düvant den großen Israel Löwe auf Pistolen forderte und zu ihm sagte: Wenn Sie sich nicht stellen, Herr Löwe, so sind Sie ein Hund. Da antwortete dieser: Ich will lieber ein lebendiger Hund sein als ein toter Löwe.

Weil Leben, Atmen, doch das Höchste ist.

Muß einer denken. Wird er nicht vermißt.

Ich hätte nicht unbedingt denken sollen. Eigentlich nicht. Besser, viel besser konnte ich lesen. Ich hätte mein Leben, ein glückliches Leben, in einem Garten mit Büchern verbracht. Ich hätte gelesen.

Meinetwegen auch in der U-Bahn. Wer braucht einen Garten, hat er nur Texte (sagte ich: ich liebe *Soap operas*), wer braucht einen Garten, hat er nur Texte wie diesen.

Du sagst: es zählt ein anderer Geist auf ihn ...
Erklär mir nichts. Ich seh den Salamander
durch jedes Feuer gehen.
Kein Schauder jagt ihn, und es schmerzt ihn nichts.

Daß Lesen nicht weh tut, sagt sich, einmal im Leben beruhigt, das Kind, da im Baum. Nein, wirklich, ganz wirklich. Ich lese. Nichts tut mir weh. Und weint, wenn Anna Karenina weint. Und stirbt mit Madame Bovary. Der Baum hält dagegen. Er stirbt nicht. Er weint nicht. (Eine Buche, das will ich noch sagen, eine Buche ist er gewesen, mit mächtigem Stamm, rauher Rinde, mit einer so wunderbar passenden Mulde fürs lesende Kind – ich schmiege mich, schreibend, jetzt noch hinein – ach, diese Mulde, von Zweigen und rauschenden Blättern umgeben.)
Der Baum hält dagegen.

Karl May war der erste. Ich hatte nie einen guten Geschmack, was Männer betrifft. Also las ich. Auf den Schut mußte ich fünf Bände lang warten. Ich ging durch die Wüste, durchs wilde Kurdistan. Ich ging von Bagdad bis Beirut. (Was war mit den anderen Bänden? Irgend jemand versank, ich erinnere mich, irgend jemand versank, unaufhaltsam, im Sand.) Und wo war der Schut?

Ausgeliehen, vermutlich. Denn ich bezog meine Träume aus Leihbüchereien. Meine Eltern gaben ihr Geld nicht für Nutzloses aus. (Sie hatten auch wenig.)

Also holte das nutzlose Kind nutzlose Bücher aus Leihbüchereien, verbrachte nutzlos und lesend die Tage im Baum.

Natürlich hatte ich Auswahlkriterien. Entscheidend, zuerst, war die Dicke des Buches. So kommt man mit elf Jahren zu Dostojewski, begeht als Raskolnikow seinen Mord an der Pfandleiherin – den ersten von vielen. So kommt man zu Dickens und Barnaby Rudge und hat nun einen Raben als Helden. Der geht wie mit Zehenspitzen auf Kieseln. Der fliegt über die Köpfe der Hunde und bellt. Der kann, lese ich, sogar lesen. Und sitzt mit mir im Baum und liest Dostojewski. Liest begeistert Charles Dickens. (Die Geschichte mit einem Raben als Helden.) Liest pflichtgemäß auch Thomas Mann. Mit Vergnügen Tolstoi. (Nicht zu vergessen Karl May.)

Entscheidend, zuerst, war die Dicke des Buches. Entsetzlich die Momente in der Leihbücherei, ging jemand mit einem noch dickeren Buch als die von mir ausgesuchten an mir vorbei zur Ausgabetheke. Ich war betrogen bestohlen, man hatte mich um mein Recht, das dickste von allen Büchern zu lesen, gebracht. Ich verfolgte den Dieb. Ich versuchte, den mir gestohlenen Titel zu lesen. Ich träumte von Mord.

Zurück zum Baum. (In Wirklichkeit, selbstverständlich, bin ich im Bett, es ist drei Uhr nachts, die übliche Stunde, um sich nach Bäumen zu sehnen, nach Lesebäumen vor allem, mit einer Mulde, in die man sich schmiegt, von rauschenden Blättern umgeben, mitlesend ein Rabe, der, in die Texte vertieft, selbst das Bellen vergißt, und um uns herum wachsen aus kleineren Mulden ununterbrochen neue Bücher heraus. Also:

in Wirklichkeit bin ich im Bett, es ist drei Uhr nachts –
der Schlaf ist schon lange vorbei oder hat gar nicht begonnen. Ich entscheide das nicht. Nicht lesend stellt
sich für mich keine Wirklichkeit her. Was soll's, pflegt
meine Mutter in diesen Momenten zu sagen. Und
meint das Leben damit.)

Ich allerdings rede vom Lesen. Darauf verstehe ich
mich. Schon wegen der schlaflosen Nächte, die, zum
einen, liest man, totenstill, zum anderen von Worten
erfüllt sind. Eine beschriebene Nacht. Und dann ihre
Seiten wie die Seiten von Büchern umblättern, um
noch vor dem Ende das Ende zu sehen. Drei Uhr
nachts. Und ich lese: Der Morgen wird kommen. Und
ich lese: Die Sonne geht auf.

Zurück zum Baum. (Nur daß jetzt – schrieb ich, daß
die Nacht totenstill ist? – das Glockenspiel vom nahe
gelegenen Rathaus ertönt, was mich ein klein wenig
ablenkt, mich vom Lesebaum weg und auf andere The-
men hinlenkt. Ritter, Tod und Teufel könnten es sein.
Der Ritter, von seiner Rüstung wie von einem Panzer
umschlossen, ist ebenfalls schlaflos. Vom Teufel ist nur
das Schnarchen zu hören. Und der Tod träumt, daß er
nie schläft.
Der Ritter hat das Visier hochgeschoben. Der Ritter,
wie es der übliche Schlaflose tut, mit hochgeschobe-
nem Visier und offenen Augen: er liest. Die Rüstung
behindert. Es ist schwer, eine leidlich erträgliche Lage
zu finden, die sowohl das Lesen als auch das Seitenum-
blättern erlaubt. Tod! ruft der Ritter. Nur Schweigen.
Tod! ruft der Ritter noch einmal. Das Schweigen
scheint weniger tief. Tod, ruft der Ritter zum dritten,
kannst du mir die Seiten umblättern? Überleg dir, du

Tor, was du sprichst, grollt der aus seinem Traum gerissene Tod. Warum er nie schläft, denkt der Ritter.

Zeit für unsere Runde, ruft, aufschreckend, der Teufel dazwischen.)

Zurück in den Baum, lesend, in meine Mulde geschmiegt, von rauschenden Blättern umgeben, mitlesend der Rabe, oh, dieser Rabe, er weiß, wie man liest. Kaum hat er ein Wort, nun, sagen wir ›Ritter‹, gelesen, läßt er vor unseren Augen den Ritter entstehen, einen Ritter, ganz nebenbei angemerkt, der nur aus Rüstung und Augen besteht. Die Rüstung: sein Schutz vor der Welt. Die Augen zum Lesen. Was, fragt der Ritter den Raben, was, sag mir, lesen wir denn. Barnaby Rudge, sagt der Rabe.

Ich überlege mir Alternativen. Das Buch Le Grand, schlage ich vor. Ich denke, auch wegen des Reimes vermutlich: Ein Ritter paßt zu einem Tambourmajor. Der mit seiner Trommel Geschichten, ja, Weltgeschichte erzählt. Zweihundert Jahre vor Grass: der Blechtrommler als Tambourmajor. Der Tambourmajor heißt Le Grand. (Vielleicht doch Heinrich Heine, krächzt mein Schlaukopf von Rabe dazwischen.) Der Tambourmajor heißt Le Grand. Er trommelt mir seine Geschichten. Er trommelt die Welt.
Und er lebt.

Doch ich, in einem wildern Meer,
in tiefere Schlünde sank als er.

Le Grand. Dieser Alte – sind es schon zweihundert Jahre? – also Le Grand, dieser vor so vielen Jahren entstandene Tambourmajor, er trommelt mir meine Geschichte.

Aber der Ritter will in die Moderne. Der Ritter will ganz weiche Stiefel, wie Mr. Ramsey sie hat. Was für herrliche Stiefel, rief sie, ruft sie aus. Es ist Lily Briscoe. Sie malt. Und Mr. Ramsey will, wie er es von Frauen immerzu will, ihr Mitgefühl haben.

Aber sie hat keins.

Sie malt.

Diese herrlichen Stiefel, ruft sie. Dann schämt sie sich. Seine Stiefel zu loben, wenn er von ihr wollte, sie sollte seine Seele trösten. Wenn er ihr seine blutenden Hände gezeigt hat, sein zerrissenes Herz und sie gebeten hat, die zu bedauern. Was für herrliche Stiefel, hat sie gerufen. Und sie erwartete, aufblickend, von einem seiner Anfälle brüllenden Jähzorns völlig vernichtet zu sein.

Statt dessen lächelte Mr. Ramsey. Sein Bahrtuch, seine Draperien, seine Gebrechen fielen von ihm ab. Ach ja, sagte er und hob, damit sie ihn besehe, den Fuß, es seien erstklassige Stiefel. Es gebe nur einen einzigen Mann in England, der solche Stiefel machen könne.

Der Schuster, der einzige Schuster in England, der solche Stiefel, die einzigen Stiefel in England, ach was, in der Welt, der einzige Schuster, der solche Stiefel, die schönsten Stiefel der Welt, machen kann.

Ein Schuster, der solche Stiefel, die schönsten der Welt, machen kann.

Ich, selbstverständlich, sei es in der U-Bahn, sei es im Park, ich, selbstverständlich, sei es im Baum, den es vielleicht gar nicht gab, ich, selbstverständlich, ich rede von Büchern.

Einer, der schreiben kann. Und solche Bücher, die schönsten der Welt machen kann.

Die Stiefel von Mr. Ramsey. Der Sand von Karl May. Und der Tambourmajor (hieß er Le Grand?), er trommelt seine Geschichten.

Schön, daß sie tatsächlich leben. Erst glaubt man: Es ist nur ein Buch.
Aber dann wachsen – wie aus meinem Baum ganz richtige Blätter – ganz richtige Menschen daraus.
Es ist Clarissa, sagte er sich.
Denn da war sie.

Da ist sie.
Da war sie.
Da wird sie sein.

Einst war ich ein Kind. Ein frommes Kind war ich. Gut. Da ist dieser allesverschluckende Sand. Mein Karl May. Da ist dieser Mörder vor meiner Tür, Dostojewski. Aber dazwischen steht Gott. Und Gott steht wie ein Gott. Und ich werde ewiglich leben.

Wo ist mein Gott? Er ist, irgendwie, einfach verschwunden. Obwohl ich meine Texte aufsagte: Abends wenn ich schlafen geh, vierzehn Englein und so weiter.

Obwohl ich Theresa von Avila las.
Nichts fand ich schlimmer, als meinen Verstand jemandem unterzuordnen, der keinen hatte. Also las sie statt dessen, saß ganze Tage in Bäumen mit Ritterromanen, versuchte selber ein Ritter zu werden, zog zwölfjährig gegen die Mauren, um sie zu bekehren. Und ging später ins Kloster und schrieb.

Besser, sie hätte ihr Leben, ein glückliches Leben, in einem Garten mit Büchern verbracht. Warum sich in einer Zelle einschließen und auf dem Sims vor dem Fenster den reichlich vorhandenen Büchern noch weitere hinzufügen, fiebergeschüttelt, die Finger klamm von der Kälte. Denn das Fenster ist unverglast, so daß der in Avilas frostigen Wintern so strenge Wind eindringen kann. Dazu noch die ständigen Schmerzen.

Dieses Dröhnen im Kopf, das ihr das Schreiben fast unmöglich macht. Viele wasserreiche Flüsse sind darin, und alle ihre Wasser stürzen in die Tiefe. Das Durcheinanderzwitschern unzähliger kleiner Vögel sei darin, und zwar nicht in den Ohren, sondern im oberen Teil des Kopfes, wo, wie man sagt, der Sitz der Seele sei. Achte sie jedoch schon dieser Dinge kaum, ließ also die Klappermühle in ihrem Kopf ruhig weiterrattern und mahle unbeirrt ihr Mehl, indem sie die Tätigkeit ihres Willens und ihres Verstandes nicht aufgebe, so achte sie noch geringer jene Störungen durch die äußere Welt, als da seien ständige Pflichten, notwendige Geschäfte, Hilferufe bei Nacht und so weiter. (Aber das ist eine andere Geschichte.)

Auf die, schreibe ich, achte ich nicht.

Ich will nur das schönste Buch lesen. Das schönste, natürlich, müßte das allerdickste Buch sein. Da hatte ich welche, ganz früh schon, in Bäumen. Könnten das Märchen gewesen sein?
Natürlich waren das Märchen. Ja, sicher, was sonst.

Die Welt ist ein Text, den ich teilweise auswendig kenne. Überall Ritter. Und Raben. Pferdeköpfe, natürlich. Die hängen an Wänden und sprechen. Und man spricht auch zu ihnen.

Oh, Fallada, da du hangest.

Oh, Jungfer Königin, da du gangest.

Wenn das deine Mutter wüßt.

Ihr Herz tät ihr zerspringen.

Als Gänsemagd durch die Welt gehen. Aber in Wirklichkeit, in diesem Text, in jedem Text eine Königin sein. Wie königlich lebt man in Texten. Sogar in den schlaflosen Nächten. Sogar, was tat ich da, verpflichtet, tatsächlich verpflichtet, über das Lesen zu schreiben.

(Zeit für unsere Runde, ruft, aufschreckend, der Teufel dazwischen.)

Nun ja, es ist vier. Zeit für meine Runde. Ich werde die Rüstung anlegen. Ich werde, sichtbar für alle, als Ritter dastehen. Neben mir steht der Tod. Neben dem Tod steht der Teufel. Ich denke, natürlich, ans Lesen. Ach wirklich. Lebendig möchte ich sein.

MONIKA HELFER

Overdressed

Ich wollte immer ein Findelkind sein aus einem
der Bücher von Vaters Wandregal
Ich wollte ein offenes Feuer im Haus und einen
Schlittschuhplatz

Wahrscheinlich hätte ich nie mit dem Schreiben begonnen, wäre meine Mutter nicht gestorben, als ich sie noch dringend brauchte. Ich war elf Jahre alt. Ein Gefühl der Hoffnungslosigkeit hatte sich in mein Herz genagt. Ich schrieb mit einem blauen Kuli, der schmierte und abfärbte, in ein liniertes Heft.

Lebensnotwendig begann ich zu lesen, kaum daß die schwarze Schleife aus meinem Haar gebunden war und die schwarzen Strümpfe über der Stuhllehne hingen, der Mantel mit dem Trauerflor zum Auslüften am Fenstergriff. Es war der 12. November. Mein Vater hatte mir »Oliver Twist« geschenkt. Das Buch lag auf dem Kanapee im ungeheizten Wohnzimmer meiner Tante. Hier sollte ich fortan schlafen. Die Liege war sehr schmal, und gleich in der ersten Nacht wachte ich auf dem Boden auf. Das war nicht mein Zuhause. Die Zimmerlinde am Fenster ließ mich an einen Waldrand glauben. Ich hatte mein Leben lang Angst, ertrinken zu müssen. Ich sah ein offenes Feuer, das mich aber nicht wärmte. Um mich zu trösten, las ich in meinem Buch. Die Schilderung der Armenviertel lenkte mich ab von meinen Gespenstern. Oliver der Held, Sohn unbekannter Eltern, wächst im Armenhaus auf. Ich paßte den Aufenthalt bei meiner Tante Olivers Schicksal an. Suppe wurde zu Wassergrütze, mein Onkel, der Färber, zum Leichenbestatter. Oliver flieht nach London, ich floh ins Oberland, Schwarzfahrt im Zug zu meiner parfümierten Tante, bei der mein Bruder wohnen durfte, die mich aber leider nicht brauchen konnte. Oliver gerät in das Verbrechermilieu und arbeitet als Taschendieb. Ich wurde in eine Klosterschule gesteckt. Weil mein Vater kein Schulgeld bezahlen konnte, mußte ich in der Küche den Abwasch erledigen. Ich glänzte ihn zu einem Spiegel und erkannte mich darin. Die Peiniger hatten Oliver von Anfang an ein Ende am Galgen prophezeit, dieses Motiv zieht sich durch den ganzen Roman. Mir prophezeite eine Südtiroler Kartenlegerin aus unserer Nachbarschaft, die sich Hühner im Wohnzimmer hielt, ich würde ertrinken. Nie sollte ich eine Seereise antreten, nie an der Seite eines Schwimmers sein. Die Gespenster kamen mir auf halbem Weg entgegen. London wimmelte von Oliver Twists. Bald schon würde ich da sein und mich dort in dem Labyrinth düsterer Gassen verfangen. Ein gefährliches Leben, das war es, was ich wollte.

Ich und meine Geschwister hatten, als meine Mutter noch lebte, wunderbare Jahre gehabt. Sie lag krank im Bett, roch nach desinfizierter Wäsche und war unsterblich. Ich lehnte an ihrer Schulter. Sie las laut aus »Kristin Lavranstochter«. Das Buch ist unter ihrem Kopfkissen geblieben. Wir wohnten in einem Haus, das aussah wie ein englischer Landsitz. Mein Vater war der Verwalter, und das Haus war ein Erholungsort für Kriegsversehrte. Ungarnflüchtlingen wurde Quartier geboten. Wir lernten das Wichtigste auf ungarisch. Viele Ungarn wanderten nach Australien aus. Mein Vater kaufte ein Buch über Aborigines. Unsere Mutter staffierte uns sorgfältig aus, weiße Rüschenschürzen über nachtblauen Faltenröcken. So paßten wir ideal in den vornehmen Speisesaal. Wir wurden von den Gästen verwöhnt, und die Köchin kochte für uns mit, wir aßen am hellichten Werktag Nachspeisen. Das Essen kam aus dem Untergeschoß in einem Aufzug. Wir wurden bedient, hatten Stoffservietten auf den Knien, und zum Trinken gab es Sinalco. Am Abend saßen wir im Aufenthaltsraum bei der Filmvorführung und sahen uns viele Male die »Geierwalli« an. Zudem ließ unser Vater an zwei Wochentagen die Seilbahn fahren. Er saß in der Bergstation und schwebte uns ins Tal. Es gab keinen Arzt, und deshalb betätigte sich unser Vater als Spritzenverabreicher bei kranken Frauen. Er war sehr angesehen. Viele Geschenke stapelten sich in seinem Büro. In einem Nebengebäude arbeitete er an seinen Chemieversuchen. Anstelle einer Gutenachtgeschichte legte er ein Tümpeltier unter das Mikroskop, und wir durften es betrachten.

Das war wohl zuviel des Guten. Wir wurden bestraft. Die Mutter starb, der Vater wurde darüber krank und hatte keine Freude mehr am Leben. Meine Geschwister und ich wurden in der Verwandtschaft verteilt. Wir sahen den Vater einmal im Monat. Er fragte uns im Winter, ob wir frieren. Mutters Tod war die Vertreibung. Aus dem Schönsten, das ist die Wahrheit. Ich betastete meine Wunde. Ich vergewisserte mich meiner scheinbaren Feinde. Unser Vater war arbeitslos, und wir standen am Rand. Ich wollte ein reiches Kind dem Tod entreißen, eventuell aus einem brennenden Anwesen, dann über alle Maßen belohnt werden, und meine Geschwister, den Vater und mich zurück auf die großzügige Holzveranda führen. Ich kauerte am See auf den Steinen, als ein Fünfjähriger ertrank. Ein Spaziergänger ließ es sich nicht nehmen und vollzog die Mund-zu-Mund-Beatmung, obwohl es schon zu spät war.

Die Frau in der Gewerkschaftsbücherei war kriegsversehrt und hatte einen Holzfuß. Sie brachte mich auf die Idee, »Jane Eyre« zu lesen. Die Leihgebühr betrug einen Schilling. Jane erlebt eine leidvolle Kindheit, wird widerwillig geduldet, fällt in der Nacht aus dem schmalen Bett und fürchtet sich vor Gespenstern. Wie Oliver Twist rebelliert sie gegen die schlechte Behandlung und wird ins Waisenhaus geschickt.

Mit achtzehn Jahren nimmt Jane Eyre eine Stelle als Hauslehrerin an. Sie verliebt sich in den Hausherrn, er macht ihr einen Heiratsantrag. In der Nacht vor der Hochzeit entdeckt sie sein furchtbares Geheimnis. Er hält im oberen Stockwerk seines Hauses seine tobsüchtige Frau verborgen. Wunderbar fand ich die Schauerromantik. Die Macht der Schriftstellerin beeindruckte mich. Sie läßt die verrückte Ehefrau bei einem Brand umkommen, den dominanten Hausherrn schlägt sie mit Blindheit. Jane wird seine Frau. Ich suchte mir für meine Sehnsucht einen verheirateten Mann, der uns schräg gegenüber wohnte. Seine Frau sah ich einmal von hinten. Jeden Morgen traf ich den Mann auf meinem Schulweg. Er brachte seinen Sohn in den Kindergarten. Natürlich bemerkte er mich nicht. Ich aber kannte schon seinen Geruch. Ich paßte vor dem Kindergarten den kleinen Bub ab und schenkte ihm ein Auto aus der Sammlung des Leichenbestatters. Einen echten Opel in Kleinstformat, silbergrau. Ich fragte den Kindergärtner nach seinem Nachnamen: Marinelli. Ich stieg die Treppen hinauf, und vor dem Türschild Marinelli legte ich einen polierten Apfel, Marke Berner Rose, auf den Fußabstreifer.

Im Grunde war ich zufrieden mit meinem Schicksal. Einmal sah ich meinen Marinelli mit nacktem Oberkörper, als er die Fensterläden schloß. Es war am helllichten Nachmittag. Da erlosch mein Funke. Ich hatte einen Umgang mit mir gefunden. Es war möglich, ein äußeres und ein inneres Leben zu führen. Sichtbar war nur das erste. Ich legte mir eine Schlangenhaut in die Schultasche. Meine Geschwister und ich waren ärmlich, aber sauber angezogen und wohnten in keiner vornehmen Gegend. Als ich den Tanzkurs besuchte, wollte mich mein Tangopartner nach Hause begleiten. Ich nannte ihm ein angesehenes Stadtviertel. Es war schon spät. Er streichelte mich in einem fremden Hauseingang. Eine Tür ging auf, eine Frauenstimme fragte ins Dunkle. Das sei meine Mutter, sagte ich, geh schnell, sie darf dich nicht sehen. Er schlenderte durch den Torbogen, ich ging in entgegengesetzter Richtung, später rannte ich in unser schäbiges Viertel. Es war stockdunkel. Ich hatte mir eingebildet, verfolgt zu werden.

Eine Klassenkameradin, Juliane, aus einer Stickerfamilie, lud mich zu sich ein. Sie hatte auch keine Mutter. Schwarze Frauen aus Nigeria waren aus geschäftlich umfassendem Interesse zu ihrem Vater gereist. Sie kauften meterweise Spitzen und würden sich auf dem Rückweg in die Heimat damit den ganzen Körper einwickeln, um keinen Zoll zahlen zu müssen. Sie sähen aus wie dicke Mumien. Juliane wollte mit ihnen gehen, weil sie keine Lust hatte, vor Langeweile zu sterben. In Wirklichkeit sehnte sie sich nach diesen lebenden Mumien. Alles, was sie sich wünschte, erfüllte ihr der Vater, wenn sie nur bei ihm bliebe. Sie fand es toll, arm zu sein, und wollte partout ihre Kleider mit mir tauschen. Meine paßten in zwei Nylontaschen von Julius Meinl, das ist eine österreichische Lebensmittelkette. Ihre vielen weichen und rutschigen, samtenen Gewänder ließ sie in einem gelben Lederkoffer bei mir abgeben. Sie war mit ihrem Vater nach Nigeria gereist. Auch dieser Wunsch war ihr über Nacht erfüllt worden.

Ich glänzte mehr oder weniger an Werktagen, war innen wie außen overdressed und brauchte Zeit, um mich an das Leben zu gewöhnen.

JOSEPH VON WESTPHALEN

Gedeih und Verderb

Zur Naturgeschichte des Lesens

Lesen erweitert das Bewußtsein, sagen seine Befürworter. Glühende Befürworter des zwischen zwei Deckel gepreßten und gebundenes Stoffs behaupten sogar, es mache süchtig. Es sei ein Rauschmittel.

An diesem Stoff kann man ablesen, was mit Drogen passiert, wenn man sie freigibt: Sie werden nicht mehr massenhaft und gierig, sondern zurückhaltend und nur noch gelegentlich konsumiert. Das Interesse läßt rapide nach. Die Dealer klagen, sie bleiben immer häufiger auf ihrer exquisiten Ware sitzen.

Auch diese Einbußen haben etwas mit dem Fall der Berliner Mauer zu tun. Denn je totalitärer und vernagelter ein Staat, je mehr er sich verschanzt, desto verlockender sind die Bücher, die er verschweigt, behindert und verbietet. Die DDR galt wie die Sowjetunion bis 1989 als ein Leseland, dessen drangsalierte Bürger das eingeschränkte Reisen damit kompensierten, sich auf raffinierten Kanälen mit kritischer Literatur zu versorgen. Kaum war die Mauer weg und die Reisefreiheit da, wurde Karl May gelesen, in Burdas »Superillu« geblättert und ansonsten Porno geguckt. Wenn man als ziemlich fremder Westautor nach Schwerin oder Leipzig, Weimar oder Dresden zu einer Lesung eingeladen wird, werden sich wahrscheinlich die zwei Dutzend Zuhörer verlegen im Raum verteilen, weil man nun mal nicht der saalfüllende sibirische Poet Dschingis

Aitmatow ist, der heute noch wie zu Mauerblümchen-
zeiten (aus für einen Westdeutschen nur schwer nach-
vollziehbaren Gründen) den Bewohnern der Ex-DDR
als trostbringender Labsalliterat gilt. Die nette, extaffe
Ex-IM-Kulturtante, die einen einlud und, damit man
sich auch ja nicht verirre, nach alter IM-Gewohnheit
vom Hotel zum Veranstaltungsort begleitete, wird mit
einem melancholischen Blick in den peinlich leeren Le-
sesaal leise stöhnen: »Das ist also aus dem berühmten
Leseland geworden.«

In Rußland ist bekanntlich die einst tröstliche Buch-
staben-Droge Samisdat von der eher tödlichen Droge
Heroin abgelöst worden. Nur im reinlichen China kur-
siert noch eine verbotene Untergrundliteratur. Nach
einem subversiven Dichtertreffen in Schanghai tut man
noch immer gut daran, den kostbar-brisanten Text zu
einer dünnen Rolle zu drehen und im Fahrradrahmen
unter dem Sattel verschwinden zu lassen.

Von solcher Bedeutung fixierter Worte können
Dichter und Verleger in den kapitalen Demokratien
nur träumen. Hier wird mit anderen Mitteln für Aufmerksamkeit gesorgt. Aber auch das ekstatische Ver-
dammen oder Hochjubeln eines Buches im Feuilleton
oder im literarischen Glotzquartett oder das doch noch
gewährte Exklusivinterview des sonst so medien-
scheuen Autors kann das Interesse für Literatur nur
äußerlich und kurzfristig anheizen.

Fernsehen, Kino, Zeitungen, Zeitschriften und
Computergefummel mit neuerdings Internet nehmen
dem Buch viel Zeit weg. Nicht zu ändern. Andererseits
schafft das viele flüchtige Glotzen, Zappen, Surfen und
Blättern einen Überdruß, der dann wieder Lust zum
Lesen eines Buches, zum Eintauchen in die Welt eines
Romans macht. Die gefährlichsten Konkurrenten des

altmodischen Buchs aber sind nicht die neumodischen Medien, sondern die vielen anderen Bücher.

Nicht etwa der Schrott – das Übermaß der interessanten und lesenswerten Bücher kann einen zur Verzweiflung bringen. Von den Hunderttausenden neuer Titel, die jährlich auf den Markt kommen, sind vielleicht nur zweihundert lesenswert. Aber erstens weiß man nicht welche, und zweitens kann ein normaler Mensch nicht viel mehr als ein Dutzend Bücher im Jahr lesen.

Je mehr man liest, je besser man über das Buchangebot informiert ist, desto klarer wird einem, wie wenige der vielen Bücher man in den verbleibenden zwanzig, dreißig, vierzig, fünfzig, sechzig, siebzig Lebensjahren noch lesen kann. Das drückt aufs Gemüt. Da vergeht selbst dem willigsten Buchleser der Appetit, er schaltet die Leselust erst mal ab – und den Fernseher an. Was da kommt, darf man getrost nach einer Woche vergessen haben. Wenn man sich an ein Buch nicht mehr erinnern kann, macht das keinen guten Eindruck. Denn der Witz des wirklich guten Buches ist ja seine Haltbarkeit. Das aber ist auch die Tragik der Branche. Alle gefeierten norwegischen, schwedischen, dänischen, litauischen, est- und neuseeländischen Autoren in Ehren – die Klassiker von Gogol bis Flaubert, von den Brontë-Schwestern bis zu den Gebrüdern Mann sind auch noch da und wollen gelesen werden. Aber wann? Täglich werden es mehr. Bloß gut, daß die deutschsprachige Gegenwartsliteratur einen so saumäßigen Ruf hat und guten Gewissens nicht gelesen zu werden braucht.

Natürlich können sich neunzig Prozent der zwei- oder dreihunderttausend Besitzer besserer Bestseller an den Inhalt der Bücher schon deswegen nicht erinnern, weil sie die Bücher nie gelesen haben. Zwischen Seite zwanzig und dreißig steckt matt ein Lesezeichen. Das war's. Immerhin: die Anschaffung zeugt von gutem Willen – und sie kommt der Branche zugute.

Es wäre spannend zu sehen, was passierte, wenn man Bücher heute oder morgen verböte. Wir lassen das aber lieber. Zumindest Deutschland sollte sich da nicht hervortun. Obwohl es eine Tatsache ist, daß die 1933 von einer Horde kreischender Krimineller verbrannten Werke verfemter Autoren an Wirkungskraft gewannen.

Nette, hirnrissige Vorstellung, daß ein Verbot und die Folge, mit Büchern wie mit anderen illegalen Drogen Handel zu treiben, eine Lesesucht und eine innige Liebe zur Literatur erzeugte, wie sie Truffaut in seinem absurden Science-fiction-Film »Fahrenheit 451« phantasiert: Jeder brave Kulturbürger lernt ein Buch auswendig, um es so auch ungedruckt für die Nachwelt zu erhalten.

Neben dem ebenso revolutionären wie geschmacklosen Verbot gäbe es noch eine konservative Methode, den Absatz der Bücher in die Höhe zu treiben: indem man nämlich für Bücher würbe wie für andere Konsumprodukte auch, die alle das Leben bereichern, ohne absolut lebenswichtig zu sein. Denn eines steht fest, auch wenn Kulturkritiker es vermutlich abstreiten: Ohne Bücher ginge die Welt leider nicht unter. Es ließe sich leben, wie ohne Joghurt und Kaffee, ohne Schlagbohrmaschine und Neuwagen mit Airbag und ABS. Nicht so nett, nicht so flott, aber die Menschheit wäre durchaus nicht gleich vom Aussterben bedroht ohne Buch. Analphabeten sind nicht die schlechteren Menschen. Sie bilden eine Minderheit, deren Konstitution man erst einmal gründlich untersuchen sollte, ehe man über sie die Nase rümpft. Analphabeten waschen sich und kommen pünktlich zur Arbeit. Die schweren Fälle, die nicht einmal die Uhrzeit vom Zifferblatt ablesen können, hören doch Radio und wissen immer, wie spät es ist. Vielleicht sind Analphabeten die besseren Autofahrer?

Analphabeten verlieben sich wie Lesebürger, und wenn ihnen das Liebesbriefschreiben auch versagt ist, sollen sie sich doch, so ist zu hören, süße Worte ins Ohr flüstern. Chirurgen, die viel operieren, laufen Gefahr, ab vierzig, fünfundvierzig vom Analphabetismus befallen zu werden. Wie Extremkarrieristen anderer Branchen auch, verlernen sie sukzessive das Lesen, was sie zu eintönigen Gesprächspartnern, nicht aber zu unfähigen Ärzten macht.

Man braucht Bücher nicht zu verbieten, um die Nachfrage hochzutreiben. Bücher werden immer gelesen werden – wenn auch immer weniger. Gleichzeitig werden immer mehr Bücher gedruckt. Doch das ist nur scheinbar paradox. Das Überangebot ist vielmehr natürlich. Es ist wie mit dem Urwald – und zwar exakt so. Der Urwald ist angeblich bedroht und geht rapide zurück, aber er ist trotzdem noch ganz schön groß und völlig unübersichtlich. Man kann sich mehr denn je in ihm verlaufen und sogar noch immer darin zu Tode kommen.

Die angeblich so künstliche Kultur ist ein treues Abbild der urigen Natur. Und der Gipfel des Gleichnisses: Die Urwaldriesen sind geschützt. Das sind die Klassiker. Pro Generation schafft es vielleicht ein knappes Dutzend. Das sind im gegenwärtigen deutschsprachigen Nationalbiotop Bäume wie Grass, Walser, Enzensberger, Handke und dann noch ein paar Kollegen mit nicht ganz so kapitalem Stammumfang. Keiner von denen weicht, keiner muß Platz machen.

Im Schatten der Großen wuchert es trotz Artensterbens dennoch gewaltig. Es wächst mehr, als gefressen wird. Es ist ein pausenloses Blühen und Vermodern. Brutal. Pflanzen, die vor zwei, drei, vier Jahren noch bestaunt wurden, sind heute bereits Dünger. Wie hieß der oder die noch mal – mit dem Roman über das – um was ging's da noch mal? So ein grüner Umschlag war's – oder blau?

Das Wettlesen um den Ingeborg-Bachmann-Preis wird gern und oft zu Recht verspottet, weil es der Profilierung der Juroren angeblich mehr dient als der Förderung des literarischen Nachwuchses, der in der Regel triumphierend als deprimierend vorgeführt wird.

Immerhin aber beugen sich in Klagenfurt eine halbe Stunde lang ein paar Schriftkundige über Texte und diskutieren intensiv und ernsthaft deren Form und Inhalt – und das ist eine unglaubliche Seltenheit in der Branche, in der weniger gelesen wird als am gewöhnlichsten Mittelmeerstrand. Für Insider der Szene, zu denen natürlich auch die Autoren selbst gehören, sind konzentrierte Gespräche über Bücher ein Unding. Unvorstellbar. Zum guten Ton gehört die flüchtige und rhetorische Nachfrage, wie es dem letzten Roman geht. Von dessen Existenz hat man gehört. Das heißt, man hat von einer Kritik gehört, die man auch nicht gelesen hat, daß der Autor ein neues Buch geschrieben haben soll. Gratuliere! Zu der Kritik. Soll positiv gewesen sein.

Ein Autor ist um so geachteter, je mehr Leute sich zu erinnern glauben, von einer Buchrezension, einer Erwähnung im Fernsehen oder auch nur einer Verlagsanzeige gehört zu haben. Selbst hat man nichts gelesen. Das ist das sicherste. Sonst wird man womöglich um eine Stellungnahme gebeten. Nur der unerfahrene

Autor ist von so viel Unwissen und Interesselosigkeit der Branche verletzt. Er läßt sich aber nichts anmerken, sicherheitshalber, sondern rächt sich, indem er erstens fortan die Produkte der Kollegen auch nicht mehr zur Kenntnis nimmt, und zweitens, indem er in seiner knappen Antwort auf die Frage nach dem Wohlergeben seines Buches die depressiven Verkaufszahlen in die Höhe lügt.

Selbst der ersehnte Sprung in die Bestsellerliste, womöglich sogar gekoppelt mit einem seriositätsverleihenden Platz auf der Aufmacherseite der herbstlichen Buchbeilagen, bietet dem Nachwuchsautor mittlerer Größe keine Garantie, länger als drei Jahre in Erinnerung zu bleiben. Die anläßlich der hundertsten Hamlet-Verfilmung erschienene Sonderausgabe des Shakespeare-Stücks, der Tucholsky-, Kästner- oder Stefan-Zweig-Schuber anläßlich hundertster Geburtstage wird den noch so talentierten Newcomern im Zweifelsfall immer die Schau und die Käufer stehlen. Das ist das Wesen des Bewährten. Nur wer es geschafft hat, sich einen Ruf als Autor bewährter, das heißt bewahrenswerter Bücher zu erschreiben oder zu erschleichen, braucht sich um Altersversorgung und Nachruhm keine Gedanken mehr zu machen.

Nicht nur die wenigen Großen der Gegenwart nehmen dem Nachwuchs natürlicherweise Licht und Nährstoffe weg, sondern vor allem die von den Verlagsoberförstern mit echter und falscher Inbrunst gepflegten Riesen der Vergangenheit. Goethe und Fontane, Brecht, Kafka und Hunderte anderer Klassiker gedeihen noch immer munter und entziehen der wertvollen Konsumentenschicht Kaufkraft, Lebens- und Lesezeit. Ein Schuft, wer das beklagt. Wer aber als neuer Autor auf dem xenophilen deutschsprachigen

Markt Wurzeln schlagen und was werden will, der wird sich heute schwertun, wenn er nicht aus Taschkent oder Trinidad kommt.

Was die vielberufene Farblosigkeit der einheimischen Gewächse betrifft, so ist auch sie kein Untergang, sondern blanke Normalität. Seitdem der Mensch in der Natur mitmischt, sind Exoten gefragt. Kein König im Barockzeitalter, der sich in seinem Park mit normalen Eichen, Linden, Buchen, Tannen, Eschen, Erlen, Weiden, Birken, Pappeln begnügte. Heute bevorzugt König Kunde Autofahrer statt des popligen Opels den irgendwie weniger spießigen Renault und statt des Mercedes den nicht ganz so protzigen Lancia. Sieht besser aus. Ist nicht so patriotisch-national. Gerade wir als Deutsche sollten keinen Kult mit unserer Art und Weise treiben. Dito Wein, dito Käse. Italienischer und französischer schmecken einfach besser.

Nur folgerichtig, daß König Kunde Leser lieber zu Büchern von Autoren aus Irland, England, Holland, Poland, Grönland, Rußland, Weißrußland, der Mongolei und anderen Ländern der ehemaligen Sowjetunion, den Ländern des ehemaligen Jugoslawiens, den anderen Balkanländern, den Baltenländern, den Mittelmeerländern, den Ländern Skandinaviens und Lateinamerikas, natürlich den Vereinigten Staaten und demnächst auch aus den Vereinigten Emiraten gierig greift. Messeschwerpunkt Arabien. Tenor »Muselmanen sind nicht so!«

In jedem Fall ist der literarische Urwald noch immer ein Bombengeschäft. Wer wird da länger als ein Anstandsminütchen der Verkümmernden gedenken! Und was die Population der Alphabeten betrifft, so ist sie durchaus nicht vom Aussterben bedroht. Die ziemlich unbehaarten Primaten verhalten sich wählerisch wie ihre Vorfahren auf den Bäumen: Sie reißen die Früchte auf, knabbern ein bißchen herum und lassen sie dann fallen. Selten sieht man einen in Ruhe eine Frucht zu Ende futtern. Was soll's, bezahlt sind sie.

Mit Appellen, Lesegesellschaften, Deutschlehrerfortbildungsseminaren, Literaturhäusern, Stiftungen, einem jährlich festgesetzten »Welttag des Buches«, einer Woche, einem Monat, einem Jahr oder gar gleich einem Jahrhundert des Buches, mit einem norddeutschen Bücherherbst und einem süddeutschen Bücherfrühling und ähnlichen kulturpolitischen Erfindungen ist Lesehunger wohl kaum zu erzeugen.

Es wäre die reizvolle Aufgabe der Verlagswerbung, dem Konsumenten das Bücherlesen mit Witz und Sex als unverzichtbar aufzuschwatzen. Die Beauties, die ihre vollendeten Lippen zum Kuß runden, um den Absatz von Eiscreme oder Flauschwollwaschmittel oder Aperitif anzukurbeln, könnten versuchsweise ihre Verführungskraft einsetzen, um den Leuten die richtigen Bücher schmackhaft zu machen. Der Konsumbürger der Kulturnationen ist daran gewöhnt, verführt zu werden. Ohne Sex geht nichts mehr voran.

Um wieviel sinnlicher als Schmelzkäse und Autopolitur ist ein vernünftiger Roman. Warum gibt es keine Plakattafeln, auf denen attraktive Frauen in täuschend echter Lust die Augen verdrehen, wenn ihnen ihr schöner Freund einen Roman statt einer Schachtel Kirschkonfekt mitbringt. Sie drückt das Buch mit Traumblick an die Brust. Sie hat nur gewartet auf den Mann, der ihr diesen Roman verehrt. Mehr Aussage ist nicht nötig. Das sehnsüchtige Unterbewußtsein ist, wie die Werbepsychologie lehrt, mit vollen Lippen und hübschen Haaren völlig zufrieden.

Ein raffiniertes Gesetz regelt das Weitere. Für literarischen Schrott darf demnach auf diese Weise nicht geworben werden. Blöde Bücher bekommen einen Aufkleber. »Der Rat der Weisen informiert: Das Lesen dieses Buches bringt Sie nicht weiter.« Noch blödere Bücher müssen mit einer deutlichen Warnung versehen sein: »Schadet Ihrer geistigen Gesundheit!« Alle Mittel aber sind recht, wenn es darum geht, bewegende Bücher anzupreisen. Was der Poet in seinen Büchern niemals darf, nämlich raunen, sollten die Presseleute der Verlage sehr wohl. Die aber tun es zuwenig und nicht durchtrieben und überzeugend genug. Sie schwitzen immer nur auf den Buchmessen herum und schielen devot nach den Fernseh- und Feuilletonleuten, anstatt offensiv, trocken und mit Chuzpe die unerhörten Gerüchte zu streuen, die allein in der Lage sind, das Buch, das befördert werden soll, aus der Masse von Millionen anderer hervorzuheben.

Wenn von Riesensummen die Rede ist, die an Vorschüssen angeblich geflossen sind, von blamablen Fehlurteilen anderer Verleger und Lektoren, dann sorgt das für das nötige Interesse. Ein wirklich erfolgsträchtiges Manuskript muß mindestens drei angesehenen Verlagen vorgelegen haben, keiner von ihnen hat das Geniale erkannt. Darüber hinaus empfiehlt sich das Herumflüstern der Legende von einem monatelangen Aufenthalt des Autors im Dschungel von Venezuela oder Sumatra oder wenigstens Moskau oder St. Petersburg. New York eignet sich weniger, da fahren alle hin, das ist literarisch ausgelutscht. Aber ein amerikanischer Filmproduzent macht sich gut, der dem Vernehmen nach den Autor bereits nach Los Angeles zu einem Gespräch über den Verkauf der Filmrechte eingeladen hat. Nur solche Meldungen können noch beeindrucken und ein Buch retten. Notfalls eine

Sonderausgabe mit dem Untertitel: Das Buch zum Film, den es noch nicht gibt.

Auf Filme macht die Filmindustrie am leichtesten aufmerksam, indem sie stolz die enormen Produktions- und Werbekosten nennt. Acht Millionen allein fürs Promoten! Wahnsinn! Und schon gehen die Filmjournalisten reihenweise in die Knie: An dem Streifen muß was dran sein!

Gegen die weißen Haie der Filmbranche sind die Buchverlage mutlose Waisenknaben, möchtegernfeine Pinkel. Sie scheuen Donnerworte und attraktive Lügen und wundern sich, daß zuwenig gelesen wird. Sie haben keine Ideen, wie man im Urwald auf die Trommeln haut. Warum zum Teufel kooperieren die Penner in den Verlagen nicht mit den Telephongesellschaften und werben im Verbund dafür, daß man sich Buchstellen durch die Leitung oder meinetwegen per Handy vorliest. – Er (zutraulich-einlenkend): Kannst du mir übers Wochenende den neuen Roman von Duweißtschonwem geben, ich habe mein Exemplar verliehen. – Sie (hauchend-verheißungsvoll): Ich habe meinen auch hergeliehen, aber das schärfste Kapitel kann ich auswendig. – Er (nervös-glücklich): Laß hören. – Und schon ist die Ehe gekittet oder die Liebschaft gestiftet. Von einem Buch!

Daß Werbung so wichtig ist wie die Literatur selbst, ist kein Grund zum Kulturpessimismus. PR ist ein klassisches Problem. Nur das Unkraut wächst von alleine. Riesenschachtelhalme wie Rosamunde Pilcher oder Blödmannsbambus wie John Grisham brauchen keine große Unterstützung. Etwas anspruchsvollere, zunächst nicht von selbst gedeihende Sorten sind empfindlich und brauchen beim Anwachsen und beim Kampf ums Überleben eine Unterstützung, die ihnen die Verlage nur lust- und einfallslos und sparsam zukommen lassen. Vor 200 Jahren war es kaum anders. Am 1. September 1794 schrieb der schlaue Schiller an den Verleger Cotta: »Die Zerstreuung eines Buches durch die Welt ist ein fast ebenso schwieriges und wichtiges Unterfangen als die Verfertigung desselben.«

Das Schreiben ist nicht schwerer geworden. Man kann es sogar lernen, wie amerikanische Universitäten es uns vormachen. Amerika ist groß, und alle quatschen das gleiche verhunzte Englisch. Offenbar ist der Markt dort noch aufnahmefähig. Vernünftigerweise gibt es Seminare für kreatives Schreiben auf deutschsprachigen Universitäten nicht. Die unterrichtenden Autoren würden sich ihr eigenes Grab noch tiefer schaufeln. Es würden noch mehr Bücher entstehen, die den verstopften deutschen Buchmarkt noch voller machten.

Die Vermarktung dürfte mittlerweile die weit größere Kunst sein als das Schreiben. Jede Menge von der ominösen Kreativität ist nötig, um einem Buch auf die Sprünge zu helfen. Ohne originelle Einfälle und Phantasie sind Buchhandel und Kunden nicht zum Beschnuppern der Ware bereit. Und kein Autor kann solche folgenreichen Fehler machen wie ein Verlag. Wenn der nicht die richtigen Worte findet, um das Buch in die Welt zu schicken, ist dessen Schicksal besiegelt. Es wird in der Masse seiner Konkurrenten untergehen, so gut es auch sein mag. Nur ein toll getimter Tod des Autors kann dem Flop später noch einmal eine Chance geben.

CHRIS TRAUTMANN

Der Elch und die Havannas

Lars Gustafsson klingt wie ein röhrender alter Elch, hat mal ein Freund von ihm behauptet. Ich weiß nicht, wie röhrende alte Elche klingen, aber Lars Gustafsson gibt tatsächlich Geräusche von sich, die man sich gut als Röhren eines alten Elches vorstellen kann. JÅÅÅÅÅÅÅÅ, sagt er, aber natürlich viel heiserer und tiefer. Vielleicht ist ein bißchen Esel mit in dem Elch.

Ich hatte mir Lars Gustafsson als eine Art ergraute schwedische Ausgabe von Cary Grant vorgestellt, elegant, im Anzug, groß und schlaksig. Aber in den Garten kam an diesem heißen Augusttag ein kleiner, verschmitzt grinsender Mann mit nachlässig geflickter Hose, silberner Gürtelschnalle und grünem Sommerhut auf dem Kopf. Er grinste freundlich hinter seinen runden Brillengläsern und nickte jedem zu. Er hatte ein bißchen Ähnlichkeit mit Sigmund Freud.

Bei ihm war eine übernächtigt aussehende Frau mit großem hängenden Busen und fettigen glatten Haaren. Sie war Schriftstellerin und hatte einen österreichischen Akzent, den ich nicht mochte. Eigentlich habe ich nichts gegen österreichischen Akzent, aber bei ihr fand ich ihn gräßlich. Wahrscheinlich weil ich das, was sie mit diesem Akzent von sich gab, gräßlich fand. Man soll die Dinge trennen, ich weiß.

Lars Gustafsson war in dieser Woche jeden Tag eine Erscheinung, die meine Laune hob. Ich hatte enormen

Respekt vor ihm, obwohl ich kaum etwas von ihm gelesen hatte, und seine Intelligenz beeindruckte mich, wann immer ich ihm zuhören durfte. Es war sehr heiß in dieser Woche, und oft hingen wir in den Seilen, und ich konnte manchen Dingen, die gesagt wurden, nicht mehr folgen. Dann beobachtete ich Lars Gustafsson, und immer, wenn ich dachte, er schläft gleich ein und kehrt in die kühlen Wälder Schwedens zurück (dabei lebt er die meiste Zeit im noch heißeren Austin, Texas), immer dann gab er etwas beeindruckend Kluges von sich, dem er seinen Elchruf vorwegschickte: JÅÅÅÅÅÅ. Seine Konzentrationsfähigkeit bei dieser Hitze beeindruckte mich am meisten.

Eines Nachmittags bekam ich die Chance, ihm etwas aus meinem in jeder Hinsicht dürftigen, fast überhaupt nicht veröffentlichten Werk vorzulesen. Aber dazu waren wir ja hier auf diesem Seminar.

Es wurmte mich nur mittelprächtig, daß ihm das, was ich ihm vorlas, nicht sonderlich zu gefallen schien. Es war auch wirklich nicht so gut. Wir saßen zu viert vor ihm auf der Holzbank, in diesem wunderschönen Garten des Seminargeländes, eine Mischung aus Parkanlage und Campus, und er saß uns gegenüber an einem Holztisch, und es war sehr schwül. Lars Gustafsson rauchte seine Zigarillos, deren Geruch ich mochte. Ich rauchte auch Zigarillos, aber nicht in dieser Woche. Das hätte ich mich nicht so ohne weiteres getraut. Das hätte zu affektiert ausgesehen, und ich wollte nirgends den Anschein erwecken, mich anzubiedern.

Ich roch seinen Zigarillo, und das machte ihn mir gleich noch sympathischer. Selbst morgens, während der ersten Vorlesung, fand ich den Qualm seiner Zigarillos angenehm, wo ich doch eigentlich Zigarrenqualm am frühen Morgen entsetzlich finde. Seine Zigarillos hießen Café Creme, und sie waren sehr kurz und dünn und sahen gemütlich aus zwischen seinen kräftigen, gebräunten Fingern. Ich freute mich, daß er Zigarillos rauchte, auch wenn er sie inhalierte, was ich nicht tat. Jetzt sowieso nicht. Jetzt hielt ich mich an Zigaretten, die ich nicht mochte. Zigaretten muß man inhalieren, alles andere sieht albern aus.

Am Nachmittag des vorletzten Seminartages saß ich also zusammen mit drei anderen jungen Dichtern vor Lars Gustafsson und las ihm etwas vor. Der Himmel bewölkte sich immer mehr, die Wettervorhersage hatte Gewitter angekündigt, und jetzt, während ich las, fielen die ersten Tropfen, ich sah sie auf meinen Manuskriptseiten, und das war eine denkbar ungünstige Situation.

Für mich ging es in diesen Minuten um etwas. Ich hatte die Geschichte schon einmal vorgelesen und wollte unbedingt, nachdem ich mich einmal getraut hatte, weitere Meinungen hören. So einen Haufen junger talentierter Dichter und berühmter Schriftsteller würde ich nicht mehr so schnell treffen.

Aber der gewitterschwangere Himmel und die ersten Regentropfen, zweifellos die Vorboten eines heftigen Wolkenbruchs, bewirkten, daß die Konzentration meiner Zuhörer stark beeinträchtigt war.

Ich stoppte zu spät, erst gegen Ende der Geschichte, und auch nur, weil einer endlich vorschlug, nebenan in die Lesehalle, die »Blaue Halle«, zu gehen.

Also packten wir unsere Sachen zusammen, keine Sekunde zu früh, denn jetzt ging es schlagartig los. Wir schafften es gerade noch trocken in den Leseraum.

Draußen klatschte der Regen gegen die Scheiben und auf den Gehweg, der zwischen dem Rasen, den Blumenbeeten und Büschen zum Hauptgebäude auf der einen und zum Speisesaal auf der anderen Seite führte.

Drinnen schoben wir Sessel zurecht, breiteten erneut Manuskriptseiten aus, zündeten Zigaretten an. Ich las die letzten Sätze. Es gab schon keinen Zusammenhang mehr. Das Gewitter war voll in meine Geschichte hineingekracht, und außerdem las ich schlecht, das wußte ich, zu hastig und zu schnell wie immer.

Lars Gustafsson griff sich in den Bart, gab den Elch und murmelte ein paar Beispiele berühmter Romanciers vor sich hin. Ich fühlte mich scheiße und wünschte, ich hätte nichts vorgelesen oder etwas Besseres geschrieben. In beiden Fällen hätte ich mich dann entspannt zurücklehnen und das Gewitter genießen können. Ich mochte Sommergewitter, den feuchten Handfegergeruch des vom Regen aufgewirbelten Staubs.

Über diese Geschichte hatte ich sowieso schon viel zu lange gegrübelt, und nun bekam ich lediglich gesagt, was ich mir selbst einzugestehen nicht den Mut gehabt hatte. Denn dieser Mut hätte Konsequenzen gefordert, Konsequenzen, die das Einstampfen oder für alle Zeiten Einlagern von über hundert beschriebenen Seiten beinhalteten und die Kraft zu einem Neuanfang nötig machten. Jetzt war ich mutlos, denn vor mir lag, was ich noch nicht geschafft hatte und was noch zu tun war, um gute Geschichten zustande zu bringen, und beides war eine ganze Menge.

Ich kann nicht behaupten, daß ich Lars Gustafsson in diesem Moment besonders gemocht hätte. Außerdem hatte ich ihn im Verdacht, daß er mit den Gedanken schon beim Kaffeetrinken war. Vielleicht hätte mich gleich stutzig machen müssen, daß er das grauenhafte Zeug der Österreicherin so hochschätzte. Aber selbst wenn ich seine Urteilsfähigkeit in diesem Punkt in Frage stellen durfte, änderte das nichts an der Tatsache, daß ich ihm talentierten Schrott vorgelesen hatte. Und er hatte das Alter und die literarische Position, um sich unter diesen Umständen mit Recht mehr auf den bevorstehenden Nachmittagskaffee und den leckeren Kuchen, den sie hier jeden Tag servierten, zu freuen.

Zum Glück bekam ich Gelegenheit, ein paar andere Sachen vorzulesen und mich damit ein bißchen zu rehabilitieren, zumindest bei meinen jungen Dichterkollegen. Ich glaube, Lars Gustafsson war das schon egal.

Beim Kaffee wie bei den übrigen Mahlzeiten achtete ich darauf, nicht mit einem der Mentoren an einem Tisch zu sitzen. Nicht, weil ich sie nicht mochte. Aber ich bekomme in solchen Situationen keine intelligenten Gesprächsbeiträge zustande, ich werde verbal linkisch und unsicher, mein Gehirn verklebt, und ich werde zum dummen kleinen Schüler, der noch Lichtjahre von jeglichem Hauch der Weisheit und des Wissens entfernt ist. Und ich war hier, um ein paar Antworten auf ein paar Fragen zu bekommen, nicht um mein fragiles und sehr erschütterungsanfälliges Schriftstellerego pulverisieren zu lassen.

Und Antworten bekam ich bald. Nämlich auf die Frage, wie dumm sich im äußersten Fall jemand anstellen kann und was für verkrampften Murks man als Ausrufungszeichen unter eine ohnehin schwache Vorstellung setzen kann, wenn man vorübergehend aus falscher Beflissenheit zur falschen Gelegenheit vergißt, daß das Gegenteil von gut gutgemeint ist.

Der letzte Abend unseres Seminars gipfelte in einer Dichterlesung, bei der die jungen Autoren gemeinsam mit den gestandenen Schriftstellern, mit denen sie eine – wenn auch nicht immer literarisch – lehrreiche Woche verbracht hatten, kurze Proben ihres Schaffens im Rahmen einer öffentlichen Veranstaltung vorlesen sollten.

Die meisten liefen nach diesen sechs heißen Tagen und weindurchtränkten Nächten müde und mit ziemlich verschwiemelten Augen herum. Ich machte da keine Ausnahme. Aber wegen der bevorstehenden Lesung war ich reichlich nervös. Nach der Abschlußbesprechung am Nachmittag hatten wir bis zum Abend frei. Um neun Uhr sollte die Lesung beginnen, dann würde es nach einer Dreiviertelstunde eine kurze Pause geben, an die sich der zweite Teil anschließen würde. Ich sollte erst in der zweiten Hälfte drankommen. Das ärgerte mich, weil ich zu nervös war und mich ziemlich lange würde zusammennehmen müssen, ehe ich mich betrinken konnte. Vor halb elf würde ich nicht dran sein. Das hieß, daß ich mich beherrschen mußte, wenn ich nicht besoffen auf die Bühne torkeln und mich blamieren wollte.

Es gibt ja Dichter, die so etwas ganz stilvoll bringen, bei denen das richtig gut und verwegen aussieht, wenn sie völlig betrunken an ihrem Lesetisch sitzen und das Publikum anpöbeln und eine Flasche Bier nach der anderen leeren. Aber das konnte ich nicht, dazu fehlten mir der Mut und die Gleichgültigkeit. Leute, die so etwas können, besitzen etwas Erhabenes. Ich fühlte mich aber alles andere als erhaben, ich wollte nur überleben und nicht gesteinigt werden. Die Woche war ernüchternd genug gewesen, da mußte ich mich nicht noch weiter als bis zur Teilnahme an der Lesung erniedrigen. Mir war nie alles egal gewesen, obwohl ich das mit Vorliebe behauptete. Ich war nicht Charles Bukowski, ich mußte meinen eigenen Weg gehen, und der führte zwar auf diese Bühne an diesem Abend, aber nicht besoffen.

Man rechnete locker mit über dreihundert Besuchern. Ausverkauft. Das war so aberwitzig, daß meine Stimmung prompt in hysterische Vorfreude kippte:

Na kommt schon, bringt es hinter euch, schlagt mir den Kopf ab, zündet den Scheiterhaufen an, ha, na los doch, ich fürchte mich nicht!

Ich hatte in meinem ganzen Leben erst zwei Lesungen gegeben, die eine vor dreißig Leuten (darunter achtundzwanzig Bekannte) gleich nach der Veröffentlichung meines ersten und bisher einzigen Romans, was schon sechs Jahre zurücklag, und die andere vor sieben Leuten (darunter vier Bekannte), ein paar Monate später. Beide sind vermutlich nur mir unvergeßliche Erlebnisse geblieben.

Oben in meinem Zimmer zog ich das Rollo runter, setzte den Walkman auf und ließ Chris Robinson und die Black Crows durch meinen Kopf röhren. Ich mußte unbedingt noch mal duschen. Dummerweise hatte ich nämlich nur ein einziges zusätzliches Hemd eingepackt, und das war auch noch ein Baumwollhemd und in diesem Moment völlig durchgeschwitzt. Wenn ich heute abend das letzte frische T-Shirt anziehen wollte, würde ich morgen ein schon benutztes tragen müssen. Egal, morgen würde ich eh nur verkatert im Zug sitzen.

Ich schlängelte mich in Unterhose durch das Zimmer, den Walkman in der einen Hand, meinen Schwanz in der anderen. Eine andere Möglichkeit, das Gehirn freizubekommen, sah ich in diesem Moment nicht, zum Nachdenken fehlte mir jegliche Ambition. Im übrigen geschah es eher reflexartig. Da brach sich mehr als angestaute Wollust einen Weg, da wichste ich auf kluge Worte und noch klügere Ratschläge, auf große Weisheiten und unverständliches Pseudointellektuellengeschwafel, auf »Versatzstücke« und »fragmentarisches Erzählen«, Worte, ohne die keine literarische Diskussion oder eine, die sich dafür hält, auszukommen scheint, auf meine Angst und auf mein Unvermögen, auf das ganze ungesund Angestaute einer Woche: Rohr frei!

Ich trank ein Bier, bevor die Lesung begann. Das mußte reichen. Die Luft war wieder schwül, und viel schick gekleidetes, parfümiertes Volk versammelte sich vor dem »Pavillon«, in dem die »Lesenacht« den Abschluß des Literatursommers '96 bilden sollte. Am Ende des ersten Teils, in dem ich nervös und mit allmählich heftiger pumpendem Herzen in der vordersten Reihe saß, las Lars Gustafsson zwei Gedichte. Es ging darin um den Tod. Nachher, beim Rausgehen in die Pause, hörte ich zwei junge Kollegen über Gustafssons Gedichte reden. Verstanden hatten sie sie nicht, aber sie waren sich einig, daß sie »irgendwie Größe atmeten«. Das erinnerte mich an eine Talkshow, die ich einmal im Fernsehen gesehen hatte. Da saß ein Dichter in Jeansjacke, der eine fette Zigarre rauchte. Sein Verleger war auch dabei. Der Dichter hatte ein sehr dickes Buch geschrieben, fast ganz ohne Absätze, in dem als Höhepunkt eine Frau ins Bett näßt, wobei nicht ganz klar war, ob sie das träumt oder ob es »wirklich« geschieht. Der Verleger sagte, das Buch schiebe Größe vor sich her, das hätte er gleich gemerkt. Er hätte es in zwanzig Stunden bei einer Flasche Whiskey gelesen, und dann hätte für ihn festgestanden, daß das Buch Größe vor sich herschiebt. Ich stellte mir eine Gletschermoräne vor und einen Schneepflug, was in meinen Augen bewies, daß dieses Bild vom Größe vor sich herschiebenden Buch nicht nur nicht funktionierte, sondern schlichtweg schwachsinnig war.

Ach ja, ich überstand meine vier oder fünf Minuten Lesezeit, ich bekam sogar mittendrin Applaus und ging anschließend grinsend von der Bühne. Tolle Erfahrung, ein mehr als versöhnlicher Abschluß dieser Tage des Zweifelns und Haderns.

Aber dann kam da noch die lockere Feier, vornehmlich in der Kellerbar, und dort nahm das Unglück seinen Lauf. Um es gleich vorwegzunehmen: Es floß kein Blut, es wurde nicht geschrien und getobt, nichts Hochdramatisches geschah. Diese Geschichte hat keinen echten Showdown, nur einen peinlichen Schluß.

Ich stand mit einem jungen Kollegen am Tresen der Kellerbar und schluckte ein ersehntes kaltes Bier, rauchte eine Zigarette und plapperte vor Erleichterung vor mich hin, wie gut doch alles gelaufen sei, wie wunderbar es sei, vor so vielen Leuten zu lesen. Wenn alles überstanden ist, hat man immer gut reden.

Lars Gustafsson gesellte sich zu uns – inzwischen standen wir zu dritt oder viert trinkend und redend herum – und lieh sich eine Zigarette, weil, wie er sagte, ihm die Zigarillos ausgegangen seien. Ich bot ihm sofort und ohne zu überlegen an, ihm ein paar von meinen zu überlassen, die ich in meinem Zimmer hätte. Ich rauchte ja jetzt Zigaretten, da konnte ich die Zigarillos durchaus entbehren, und weil ich es die ganze Zeit gemocht hatte, wie Lars Gustafsson seine Café Cremes rauchte, wollte ich nicht, daß er den letzten Abend und den nächsten Tag ohne auskommen mußte. Also bot ich ihm an, meine zu holen, und diese Aussicht stimmte ihn sichtlich froh. Wie von selbst rutschte mir die Bemerkung raus, ob denn so lange mal jemand auf mein Bier aufpassen könnte. Was idiotisch war und für den aufmerksamen Zuhörer, zu denen Dichter sich in der Regel zählen können, nur einen Schluß zuließ, nämlich den, daß ich in meiner Jugend statt Adorno zu lesen mich in Kneipen und Diskotheken herumgetrieben hatte. Denn nur dort brauchte es jemanden, der auf dein Bier aufpaßt, während du zur Toilette gehst. Hier, unter lauter Intellektuellen in einer keineswegs überfüllten Kellerbar, war diese Aufforderung so deplaziert wie das Qualitätsurteil »voll geil« über ein Gourmetessen.

Gustafsson nahm es mit Humor und versicherte, er werde mit seinem Leben für dieses Bier garantieren.

Ich hastete durch den dunklen Park zu meinem Zimmer im ersten Stock des Schlaftraktes und stand vor einem Problem: vier verschiedene Schachteln Zigarillos. Ein kleines Päckchen »Al Capone«, zehn Stück für 2,70 DM, eine angebrochene Schachtel »Biddies Brasil«, zwanzig Stück zu 6,90 DM, eine angebrochene Schachtel »Villiger Brasil«, zwanzig Stück zu 5,30 DM, und eine noch verschlossene Schachtel »Capa D'Or«, zwanzig edle Havanna-Zigarillos zu 12,50 DM. Ich überlegte fieberhaft, welche ich denn mitnehmen sollte – nein, halt, das stimmt nicht, und hier geht es schließlich um die Wahrheit. Ich überlegte gleich, ob ich die Havannas mitnehmen sollte. Eine volle Schachtel, 12,50 DM, und zu Hause würde ich sicher wieder auf Zigarillos umsteigen. Mir schmeckten die Zigaretten kein bißchen.

Die Erbärmlichkeit meiner Überlegung war mir natürlich bewußt, und Sie sind schon zu Recht angewidert. Ich war es ja auch. Trotzdem hatte ich diese Gedanken. Jemand, der nur erbärmlich ist, hätte die Schachtel Havannas dort in ihrem verschlossenen Zustand im Zimmer gelassen, und keine Menschenseele hätte es je erfahren. Aber ich war erbärmlich und dumm und nahm daher alle vier Schachteln mit, um Lars Gustafsson die Wahl zu überlassen.

Unterwegs kam ich auch zu keiner besseren Einsicht, und so stand Lars Gustafsson in der Bar vor mir und betrachtete die Schachteln, deren Inhalt ich ihm kurz erklärt hatte, und natürlich weigerte er sich, eine Entscheidung für die Havannas zu treffen, und ich drängte sie ihm nicht auf. Das war auch unmöglich, weil ich ja die anderen Schachteln mitgenommen hatte. Die Havannas seien viel zu gut für ihn, sagte er. Gott, war das beschämend. Leider tat sich kein Loch auf und verschlang mich. So was passiert nicht.

Es gab keine Chance mehr, daß Gustafsson sich für die Havannas entschied. Statt dessen wählte er die angebrochene Schachtel »Villiger«, und das, obwohl seine Café Cremes helle Zigarillos gewesen waren, ihm die Havannas somit viel näher gestanden hätten.

Da war ich, ein Wurm von einem unbedeutenden Dichter, in diesem Keller mit Lars Gustafsson, dem weltberühmten Schriftsteller und Philosophen, der vielleicht einmal den Nobelpreis erhalten wird – das ist überhaupt nicht so abwegig –, und ich schaffte es einfach nicht, mir einen Platz in seiner Erinnerung zu sichern als der nicht ganz hoffnungslose junge Nachwuchsschriftsteller, der ihm einmal mit wunderbar köstlichen Havannas aus einer vorübergehenden Zigarilloverlegenheit geholfen hatte. Hatte er nicht wenigstens das verdient? Stand ihm nicht dieses Mindestmaß an Ehrfurcht zu? Was war das für eine Welt? Und warum war ich so blöd?

Ich wünschte, ich wüßte es, und ich wünschte, das alles wäre nicht passiert, und Lars Gustafsson könnte *mir* in anderer Erinnerung bleiben. Doch so werde ich immer ein schlechtes Gewissen haben, wenn ich an ihn denke. Aber das geschieht mir ganz recht.

ECKHART NICKEL

Das Bild des Abends

Mit der merkwürdigen Angewohnheit fing es an. Daniela Eller, die ihren Cousin seit gemeinsam verbrachten Kinderferien nicht mehr gesehen hatte, fiel es sofort auf: Beim jährlichen Familienfest der Muhrbolds, wo sie ihn zum ersten Mal wieder zu Gesicht bekam, schaute Alexander, auch als er ihre Hand zur Begrüßung schüttelte, einen Augenblick lang verklärt ins Leere an ihr vorbei. Es sah so aus, als ob er im gleichen Moment hinter ihr den eigentlichen Ehrengast entdeckt hatte und ihm mit leicht geöffnetem Mund erwartungsvoll entgegensah.

Sicher, alle hatten sich fein gemacht, aber Alexander war dennoch überrascht von dem engen schwarzen Samtkleid, in dem ihm Daniela gegenüberstand.

»Du mußt Daniela sein«, sagte er lächelnd, und: »Ich hätte dich gar nicht wiedererkannt, aber schnell jetzt, die fangen drinnen schon an.«

Da das jährliche Fest in regelmäßigen Abständen einem Vorfahren gewidmet war und diesmal ihr Großvater, der große Chemiker, an der Reihe war, hatte Daniela, die im siebten Semester Chemie studierte, sofort zugesagt. Unlängst war sie bei der Pflichtlektüre über Reduktion von Amino-Ketonen auf den Namen Alfred Muhrbold gestoßen. Der talentierte Jungchemiker hatte vierundzwanzigjährig bei der Firma E. Storck in Darmstadt beim Kaiserlichen Patentamt ein Herstellungsverfahren angemeldet, das am Heiligabend des Jahres 1912 patentiert wurde. Mit dessen Hilfe konnte ein Präparat hergestellt werden, das Alexander zu kennen glaubte.

Die älteren Geschwister der beiden kannten die langweilige Abfolge der Ehrenreden schon zu genau, um sich noch für die Familienhistorie zu interessieren. Um so auffallender war dafür die Festlichkeit, mit der Alexander dem Ereignis begegnete. Der alte Smoking, ein Zweireiher seines Großvaters, den er als sorgfältig gepflegtes Erbstück aus den zwanziger Jahren nur selten trug, stand ihm gut mit dem gestärkten weißen Hemd, zu dem er eine rote Samtfliege trug. Daniela gefiel ihr Cousin. Er war jemand, mit dem man sich gerne beim Ausgehen zeigen würde. Einer, der mit seinem kurz und exakt geschnittenen Haar und mittellangen Koteletten auffiel, auch durch die Offenheit, mit der er den Leuten ins Gesicht sah.

Alexander führte seine Cousine, die als letzte noch auf der Gästeliste gefehlt hatte, an seinem Arm durch die mit bordeauxroten Läufern ausgelegte Eingangshalle unter dem großen Kristallüster in den Speisesaal.

Der Rest der Familie wartete schon mit großen Augen, da Onkel Gerhard an der Spitze der Tafel zur Laudatio ansetzte und sich wiederholt mit kritischem Blick räusperte. Daniela zog die Blicke aller auf sich, als sie neben Alexander Platz nahm, sich das halblange glatte blonde Haar hinter die Ohren zurückstrich und mit zuckender Nasenspitze und gesenkten Blicks das Ensemble aus Tellern, Gläsern und Besteck ankicherte, das an ihrem Platz vorbereitet lag. Die Rede, von der nur Fragmente ans Ende der Tafel durchdrangen, drehte sich scheinbar um den sogenannten »Nachlaß« des Forschers, der trotz einiger Patente vor sechs, sieben Jahren von der Öffentlichkeit unbeachtet gestorben war.

Gerhard, der Historiker, würzte seinen Nachruf, indem er die Stimme immer wieder betont hob und senkte, mit gewollt pathetischen historischen Anekdoten, die immer ähnlich begannen: »Damals, wißt ihr«, duzte er augenzwinkernd in die Verwandtenrunde, »verhielt es sich folgendermaßen: Neunzehn–einunddreißig, Rezession – Arbeitslosigkeit, und Alfred, man stelle sich's vor, hat nix Besseres zu tun, als seine vielköpfige Familie zu gründen.«

Alexander verdrehte die Augen und schaute zur Seite, Daniela legte verzweifelt die Stirn in Falten und leerte sinnlich aufseufzend ihren Aperitif.

»Wann spricht er denn endlich von Opas Erfindungen?« flüsterte sie Alexander ins Ohr, worauf er grinste und seinen Verdacht bestätigt fand:

»Ich habe so eine Ahnung, weshalb du hier bist«, raunte er vieldeutig in ihr kleines Ohr, dessen Rand ein hübscher Darwinscher Höcker zierte, »und es hat etwas mit Verbotenem zu tun«, murmelte Alexander weiter, der unauffällig ihren mit einem goldenen Mäanderband umlegten Ausschnitt musterte und eine Wolke ihres Parfüms »Escape« einatmete.

In diesem Moment ließ ein Stichwort Daniela aufhorchen, das in der seit einiger Zeit vorherrschenden Monotonie von Gerhards Vollbartstimme einen pietistischen Klang trug:

»Und das Vermächtnis, ja, das VERMÄCHTNIS des von uns allen so geschätzten Padrone, der über allem wachte, was in unserer turbulenten Familiengeschichte geschehen ist, das Werk also, was er uns, seinen Nachkommen, hinterlassen hat, ist sein TAGEBUCH. Was es so interessant macht für uns nachfolgende Generationen, ist der Reichtum an deutscher Geschichte darin. In den Aufzeichnungen eines Chemikers, der im Jahre Neunzehndreizehn nach Deutschsüdwest zog, um erst in den späten Zwanzigern wieder in den Heimathafen Europa zurückzukehren, spiegeln sich die Wirren unseres Jahrhunderts, die ihn nicht davon abhielten, das zu gründen, dem wir unser Leben verdanken, unsere Familie...«

Alexander hustete heftig, als hätte er sich verschluckt, und ließ sich mit hochrotem Kopf von Daniela auf den Rücken klopfen, was kurzzeitiges Aufsehen erregte. Der gestörte Redner ließ sich jedoch nicht beirren und fuhr fort.

»Und diese Tagebücher, deren Lektüre genauso aufregend wie lehrreich ist, habe ich in den letzten vier Jahren sorgfältig ediert und beim Verlag unseres Vetters Walter, dem ich an dieser Stelle meinen ergebensten Dank erkläre«, hier nickte er umständlich in Walters Richtung, »veröffentlicht, und die ersten Exemplare möchte ich hier und jetzt meinen Neffen und Nichten mit auf den Lebensweg geben.«

Die hungrige Runde, deren etwas gequält lächelnde Gesichter abwechselnd auf die Verbindungstür zur Küche und zu dem vielfach sich verbeugenden Gerhard sahen, applaudierte pflichtbewußt.

Aber Alexander und Daniela gingen sofort nach vorne, um einen ersten Blick in die lange gehüteten Notizen zu werfen. Alexander nahm seine Cousine kurz beiseite und sagte: »Weißt du was? Was hältst du davon, wenn wir uns das Essen hier schenken und in meinem Zimmer mit einer Flasche Champagner auf den Großvater anstoßen, der dich offenbar genauso interessiert wie mich?«

Daniela schien angetan von der Idee. Es mußte etwas

Besonderes vorliegen, wenn ihr Cousin Champagner anbot. Weil er nach dem Abitur und dem Absolvieren des Zivildienstes nichts Verwertbares mehr für die Biographie getan hatte – »Vierundzwanzig, und noch nichts für die Unsterblichkeit getan!«, wie ihre Mutter ihn immer gutmütig tadelte –, wurde er nämlich von seinem Vater kurzgehalten.

»Von mir aus gerne, ich habe ohnehin keinen Hunger. Aber dann verrätst du mir, was es mit deiner Geheimnistuerei auf sich hat, okay?«

»Na klar, keine Frage!«

Alexander entschuldige sich bei seiner Mutter und verzog sich mit Daniela ins Treppenhaus.

Alexanders in Braun und Weiß gehaltenes Zimmer war nur von Kerzen erhellt. Er öffnete die Flasche und schenkte Daniela ein.

»Raus mit der Sprache, hat es etwas mit der Formel von 1912 zu tun?«

»Jetzt stoß erst mal mit mir an, es ist nicht so einfach zu erklären.«

»Also gut, auf den Opa!«

Der Champagner sprudelte in Schleiern vom Grund des Glases. Dann sagte Alexander: »Ich kenn' dich ja eigentlich kaum, aber wenn ich dich so anschaue und richtig einschätze, glaube ich, daß du zu den Leuten gehörst, denen man mit bestimmten Formen der Berauschung nichts grundsätzlich Unangenehmes nahebringt, oder?«

»Mein Gott, du bist ja ganz schön aufgeregt«, sagte Daniela mit dem aufgeschlagenen Tagebuch in der einen und dem Glas in der anderen Hand. »Natürlich haben wir es im Studium immer wieder mit amphetaminähnlichen Substanzen zu tun, wenn es zum Beispiel um Weckamine geht, aber die Ausgangsstoffe sind schwer erhältlich, und keiner würde ernsthaft dran denken, selbst etwas herzustellen. Außerdem ist das Risiko, erwischt zu werden, relativ groß.«

Alexander zündete sich eine Zigarette an, inhalierte tief und nahm einen großen Schluck.

»Sicher, nicht ganz ungefährlich das alles. Aber weißt du, was ich denke? Den großen braunen Pillen, denen man so schöne Stunden verdanken kann, hat niemand anderer als Großvater auf die Welt geholfen.«

»Wie, du hast es schon mal genommen, MDMA?«

Alexander zögerte: »Na ja, ich glaube, daß es kaum bessere Pillen gibt weit und breit, und ich wäre nicht gerade erstaunt, wenn in den Tagebüchern darüber irgend etwas zu erfahren wäre.«

Daniela trank ihr Glas leer.

»Und du meinst wirklich, Alfred Muhrbold hat das in voller Absicht zusammengebraut?«

Alexander ließ die Schultern hängen und schaute in den frisch gefüllten Kelch.

»Ich habe zumindest so etwas wie einen Verdacht.«

Er rutschte noch tiefer in seinen halbrunden Ledersessel hinein und lächelte Daniela zufrieden an: »Und man könnte endlich stolz auf jemanden zurückschauen in der eigenen Familie.«

Daniela grinste und zündete sich, die Beine an den Körper ziehend, auch eine Zigarette an.

»Dann heißt es jetzt lesen, oder?«

Er stand auf, legte eine CD von Billie Holiday ein und setzte sich wieder. Mit den ersten Takten von »You go to my head« nahm er sein Glas, schnalzte mit der Zunge und schaute in die Dämmerung vor dem Fenster.

»Du hast recht, und zwar die Zeilen vom Herbst 1912, da muß es irgendwann passiert sein.«

Die Trompete von Charly Shavers tönte verhalten, als Daniela vorzulesen begann: »*21. September, viele Nachtschichten. Arbeite an einer neuartigen Synthese, bei der mir erstmals eine Frau assistiert. Junge Laborantin, eine der ersten in ganz Deutschland, sehr keck und fordernd, aber nicht ohne Einsichten. Ist ununterbrochen damit beschäftigt und arbeitet am Tag daran, während ich schlafe.*«

Alexander warf den Kopf zurück und lachte: »Muhrbold! Läßt für sich arbeiten und macht die Nacht zum Tag.«

Daniela schaute ihn prüfend an und nickte mehrmals. »Soso, sehr witzig, was? So stelle ich mir meine Zukunft als Chemikerin nicht unbedingt vor.«

Er schenkte beiden nach und legte ihr entschuldigend die Hand auf die Schulter: »War nicht so gemeint. Bitte, lies weiter, und ich unterbreche dich auch nicht mehr.«

Sie seufzte. »*27. September, bin verliebt und laufe mit unverschämtem Grinsen durch das Laboratorium. Komme ihr nicht näher, als ein Händeschütteln erlaubt. Sieht mich immer fragend über ihre Brille hinweg von unten an. Synthese kurz vor der Vollendung, sie ganz zufrieden damit. Spricht von absolut Neuem, einem Patent gar, man wird es auch testen müssen vor der Anmeldung. Liebe, ein universaler Schmerz.*«

Daniela unterbrach sich: »Was für ein hoffnungslos Leidender, ist ja unglaublich. Ein großer Inszenierer, und jetzt will er es auch noch ausprobieren.«

Alexander sah zu ihr hinüber: »So eine spannende Stelle, jetzt lies weiter!«

Sie fuhr aufgeregt fort. »*29. September, Eva überrascht*

mich am Abend mit dem Endprodukt der Synthese. Stolz,
Freude und Traurigkeit. Meint, man müsse es tatsächlich an
Personen testen. 500mg mit nach Hause genommen. Herz-
klopfen vor erstem Versuch. Am Wochenende wahrschein-
lich.«

Alexander sprang entsetzt auf. »Um Gottes Willen,
man muß es zu zweit nehmen. Er wird es doch nicht
alleine genommen haben!«

Daniela sah ihn erstaunt an: »Ach, dann sollten wir
beide es vielleicht auch einmal ausprobieren, hm?« Ihre
Kommilitonen gingen ihr durch den Kopf, die immer
an ihr verzweifelten, wenn sie versuchte, ihnen klarzu-
machen, daß man nicht zeit seines Lebens von Dingen
reden konnte, die man selbst nicht kannte.

Sie las weiter vor: »*1. Oktober. 250mg genommen, auf*
Spaziergang im Taunus. Großer Feldberg. Dämmerung.
Es ist eine sanfte und seltsame Welt. Wärmegefühl. Einat-
men und großer Durst. Aus einem Bach getrunken. Alles
geht ineinander über. Gedanken rund um Eva, Bedürfnis
nach Berührung, Händereiben an den Hosenbeinen, seltsa-
mes Bild für begegnende Spaziergänger, große Freundlich-
keit und Erwiderung. Hinlegen, in das taubenetzte Gras,
Himmelfarben, Aussichtsblick, leicht gestörte Motorik.
Wellenartige Wärme, Klarheit der Gedanken. Ode an die
Freude.«

Alexander nahm ihr das Buch aus der Hand, klappte
es zu und sah ihr in die erstaunten grünen Augen:

»Du hast natürlich recht, man sollte es nehmen,
und ich glaube, es wird dir genauso gut gefallen wie
mir.«

Sie atmete zweifelnd ein und verschränkte ruhig die
Hände: »Aber wir können nicht hier bleiben. Ich denke
mir, es ist ziemlich ungünstig, so der Verwandtschaft
über den Weg zu laufen.«

Er nickte: »Vielleicht sollten wir in eine Bar in der Stadt fahren, ins ›Madame‹ möglicherweise, kennst du das?«

Sie stand auf: »Gute Idee. Wie nimmt man es denn überhaupt ein?«

Alexander holte ein kleines goldenes Kästchen aus dem Kleiderschrank. Als er es vorsichtig öffnete, sah sie sich den Inhalt näher an: In der mit blauem Stoff ausgeschlagenen Schatulle lagen zwei braune Tabletten in Vivimed-Größe, von denen er Daniela eine mit den Fingerspitzen überreichte.

»Trinken wir noch den letzten Schluck dazu, auf den Opa.«

Sie antwortete lachend: »Zum Wohl, ich bin sehr gespannt!«

Er blies schnell die Kerzen aus, warf sich den Mantel über und half ihr in ihr Cape. Hinter der geschlossenen Tür zum Saal hörte man, daß das Essen in vollem Gang war.

Vor der Haustür lag dichter Nebel, als sie sich das letzte Mal nach der gelb erleuchteten Fensterreihe des Familienfestes umsahen, die rasch vom Dunst verschluckt wurde. Im Auto glühten die orangefarbenen Armaturenlichter beruhigend unterhalb des ihnen in Schwaden entgegenkommenden Nebels vor der Windschutzscheibe. Das Schild Richtung Innenstadt war gerade noch zu erkennen.

Vor dem »Madame« blinkte rot leuchtend der verschlungene Namenszug in regelmäßigen Abständen, als sie um die Kurve in eine Seitenstraße einbogen. Der Eingang war etwas erhöht, und durch die sich öffnende Tür klangen Takte von House-Musik, der Perlenvorhang hinter der Tür klapperte leise beim Eintreten. Die

Wände waren mit rotem Samt beschlagen, der in Augenhöhe von einer Spiegelleiste überzogen war. Der kleine Club war nur spärlich besucht, und Alexander begrüßte Baitone, den Besitzer, mit freundlichem Händedruck.

»Grüß dich, Carsten, das ist Daniela, meine Cousine.« Der Charmeur gab ihr einen angedeuteten Handkuß: »Sehr erfreut!«

Daniela sah sich um: In der Ecke am Ende der Bar wippte ein schwarzer DJ mit aufgesetztem Kopfhörer zu seiner Musik und lächelte die neuen Gäste an. Die halbrunden Suiten waren mit Ottomanen bestückt, deren Überwürfe in den dunkelsten Rottönen schimmerten. Zwei Gruppen zu drei, vier Leuten unterhielten sich angeregt und nahmen Drinks an der Bar. Alexander orderte zwei Glas Champagner und eine Flasche Wasser, um sich darauf mit Daniela in eine der Suiten zu begeben, die durch Vorhänge nur bedingt einsichtig waren.

Sie setzten sich einander gegenüber und sprachen, nachdem Baitone die Getränke gebracht hatte, noch einen Toast auf den Alten aus: »Er hat die Enkelkinder, die er verdient, nicht wahr?« murmelte Alexander in den Spiegel und schaute sich um. »Es ist schon sehr nett hier, nicht wahr?«

Daniela ließ sich auf die Ottomane sinken: »Allerdings, sehr, sehr nett, nur – ich merke überhaupt nichts.«

Plötzlich riß sie die Augen auf: »Hörst du das, Alexander, das ist ja unglaublich gut!«

Durch die Lautsprecher klang zu dem bullernden House-Beat eine fröhliche Trompetenmelodie, und eine Stimme sang »These sounds fall my mind, these sounds fall into my ma–i–ai–aind«.

Alexander nickte, über beide Ohren grinsend: »O ja, das ist nun wirklich ganz unglaublich gut, was für eine großartige Musik ... ehmm, würdest du wohl einmal deine Pupillen anschauen?«

Daniela blickte zur Seite und sah in die größten schwarzen Pupillen, die sie jemals gesehen hatte. Ein sanftes Lächeln breitete sich über ihr Gesicht aus, das ihr noch nie so schön vorgekommen war wie in diesem Moment.

»Sehr schön, ja, durchaus bemerkenswert.«

Alles schien in der Tat ineinander überzugehen, der unendliche Rhythmus der House-Musik, die weichen Stoffe und der tief einatmende Alexander ihr gegenüber, der sie freundlich ansah und mit den Fingern auf die Lehne tippte. Sie strich mit ihren Zeigefingern langsam den Samtüberwurf glatt und zog ihre Beine an.

»Könnte ich wohl noch etwas Wasser bekommen?«

Alexander inhalierte tief den Rauch seiner Zigarette und lehnte sich zurück. »Aber sicher.«

Das glucksende Geräusch beim Eingießen in ihr Glas ließ Daniela schmunzeln, und die Finger der beiden berührten sich sachte, als er ihr das Glas reichte.

»Wie kalt deine Hand ist!« wunderte sich Daniela, der Schauer von Wärme durch die Beine rieselten und die nun auch ein angenehmer leichter Schwindel befiel. »Was ich dir schon lange sagen wollte, Alexander, es ist wirklich sehr nett, daß wir uns auf diese Weise wiedertreffen, du bist wirklich mein ausgesprochener Lieblingscousin.«

Alexander atmete aus: »Ja, sehr fein, da kann ich nur sagen, daß es sich mit dir ganz ebenso verhält, du hast das schönste fallende Haar, was man sich so vorstellen kann, und außerdem sind auch deine Wangenknochen ganz entzückend.«

Sie lächelte: »Ganz außerordentlich, sehr nett das alles.«

Stunden vergingen unbemerkt, verloren in den Augen des anderen, die von den Spiegeln rundum ins Unendliche vervielfältigt wurden, umgeben vom Samt, der sich den Bewegungen bedächtig anpaßte. Ein- und Ausatmen wechselte sich mit dem besänftigenden Inhalieren des Rauchs ab. Klar und erfrischend rann das Wasser die Kehlen hinab.

Baitone schaute bisweilen vorsichtig um die Ecke, ob noch Nachschub an Mineralwasser benötigt wurde. Und dann, in einem Moment großer Stille über dem seit einiger Zeit laufenden Ambient, berührten sich ihre Finger wieder, und sie sahen sich an und dachten voll Dankbarkeit an ihren Großvater, und ihre ausgebreiteten Arme näherten sich einander. In dem Augenblick, da sich die Hände über dem Rücken verschränkten, sie sich einatmend so nah aneinanderschmiegten, wie es für einen glücklichen Moment nötig ist, raschelte der Vorhang; sie sahen auf, und eine Kamera blitzte unglaublich hell direkt in die Augen.

Alles war weiß.

Als sich der Raum langsam wieder hinter der gleißenden Helligkeit zu materialisieren begann, war nichts mehr so wie zuvor. Der Szenereporter, der eben noch erfreut über seinen Schnappschuß auf der Suche nach dem Bild des Abends in der Tür grinste, verzog sein Gesicht, murmelte: »Oh, Entschuldigung«, und stolperte rückwärts hinaus. Daniela stand auf und zog schnell ihr Cape über.

Alexander schaute sie verstört an und schüttelte den Kopf: »Was ist denn?«

»Ich weiß nicht, ich muß jetzt gehen.«

Bevor er sich versah, war sie weg. Leise klimperte der Vorhang noch nach, als er nach vorne in die Bar stürzte. »Wo ist sie?«

Carsten zog die Augenbrauen nach oben und schaute ihn mit zusammengepreßten Lippen mitleidig an.

»Ich glaube, sie ist gegangen.«

»Ich muß sie suchen, ich komm' dann später wieder.«

Carsten seufzte. »Ist okay«, aber Alexander hörte es schon nicht mehr.

Neben Carsten an der Theke stand der Reporter mit einem Scotch auf Eis und besah sich das langsam deutlicher werdende Polaroid, das zu nichts zu gebrauchen war: Zwei maskenhafte Gesichter in klammernder Umarmung, die mit aufgerissenen Augen und schwarzem Blick in die Kamera starrten.

SKY NONHOFF

Kapitel sieben: Boogie Nights

> »Ich stehe hinter dem Vorhang und sehe auf den verlassenen Pfad, während das Telefon weiterklingelt.«
> Laura Hird, »Nail«

Anneke sieht immer noch gut aus. Auch schon über vierzig, einige Jahre sogar, aber mit ihrem blonden Pferdeschwanz und dem makellosen Teint geht sie jederzeit noch für Mitte Dreißig durch. Ich gehe ihr entgegen, während sie die Heckklappe des metallicblauen Kombis öffnet und eine Spankiste mit Immergrün-Gestecken aus dem Fond holt. Sie trägt eine Gärtnerschürze mit Firmenaufdruck über der Brust; ihre Augen sind hell und tun so, als wüßten sie nichts von den Linien um ihren Mund. Unsere Hände berühren sich kurz, als ich ihr die Blumen abnehme.

»Sag mir einen Satz über das Leben«, sagt sie.

»Immer wenn wir dran denken, liegt es schon wieder ein paar Sekunden zurück«, sage ich. »Die Dinge passieren, und im selben Moment sind sie schon wieder Erinnerung.«

»Eigentlich schade«, sagt sie, »daß jeder Augenblick schon vorbei ist, wenn er gerade erst angefangen hat.«

»Überhaupt nicht«, sage ich. »Das Gute daran ist, daß man ihn sich immer wieder zurückholen kann.«

»Na ja«, sagt sie. »Deshalb bin ich ja hier.«

Wirklich druckreif, aber mal ganz ehrlich, so redet doch kein Mensch. Höchstens die Figuren in einem der Romane, die ich so lese, auf der letzten bittersüßen Seite, wenn das Schicksalskontrollamt sich gnädig erweist und Léon und Cécile, älter geworden, ihre Einsichten in das Rotgold ihrer Worte einfassen. Manchmal, wenn ich mich in meinem Korbsessel zurücklehne, kommt mir in den Sinn, daß wir nur das halbe Leben haben. In den Büchern ist das ganze Leben. In den Büchern steht all das, was möglich wäre.

Aber wie man so sagt: Das Leben selbst ist ein Roman – und glauben Sie mir, von Romanen verstehe ich etwas –, nur ein unvollständiger, ein Fragment, denn wenn wir noch mal zu Kapitel sieben zurückblättern, fällt uns plötzlich ein, welche Szene wir noch hinzufügen wollten, welchen Dialog wir vergessen haben.

Nehmen wir nur mal Anneke. Unvorstellbar, daß ich sie nun schon über dreißig Jahre kenne. Merkwürdig, daß ich mich nicht mehr richtig erinnern kann, wie sie als Mädchen aussah, nur, daß sie immer den Kopf in den Nacken warf und ihre blonde Mähne schüttelte, wenn sie lachte. Heute macht sie das nicht mehr, aber daran, wie sich ihr Kinn ganz leicht hebt, vielleicht einen halben Millimeter, erkennt man, wie es früher war. Der Anflug eines Nachgedankens, auch wenn sich die Zeiten geändert haben. Ich fahre ja auch keinen Motorroller mehr, wie damals nach meiner Lehre, auch wenn es mich manchmal in den Fingern juckt, das Gas noch mal voll aufzudrehen.

Anneke übergibt mir die Kiste mit den Blumengestecken und sieht mich an.

»Ist das dein Ernst?« fragt sie.

»Sicher«, sage ich. »So wie früher. Wie damals, als wir auf Martinens gestrandeten Kutter gestoßen sind.«

»Es war wunderschön«, sagt sie. »Der Mond, und all das Treibeis draußen. Und du hast weit ausgeholt und mit dieser John-Wayne-Stimme gesagt: Eines Tages wird das alles dir gehören.« Sie lächelt wissend. »Spinner.«

»An was du dich alles erinnerst«, sage ich. »Aber vergiß diesmal deinen Schal nicht.«

»Oh«, sagt Anneke. »Diesmal werd' ich ihn *absichtlich* vergessen.«

Eine gute Idee, wie ich finde, aber leider stammt auch dieser kurze Austausch aus dem Reich der freien Erfindung, wo die Romane an den Bäumen wachsen und der alte Martinen, Gott hab ihn selig, mit anderem Hintergrund und wohlfeilerem Namen auftauchen würde, sagen wir, als in La Rochelle geborener Fischer namens Le Vasseur, der im Zweiten Weltkrieg Waffen für die Resistance geschmuggelt hat. Das ist eben der Unterschied zwischen Romanfiguren und wirklichen Menschen. Die einen schreiben ihre Geschichte, während die anderen mit dem Bügeln von Polohemden, dem Braten von Fischstäbchen und dem Liefern und Annehmen von Blumengestecken beschäftigt sind.

Die einen Dinge könnten so sein, die anderen sind nicht so. Anneke bläst warme Luft zwischen ihre Hände; ich kann ihren Atem in der Luft sehen.

»Ziemlich kalt geworden«, sagt sie.

»Blumen brauche ich erst wieder im März«, sage ich. »Ich warte nur noch, bis der letzte Gast abreist, dann schließe ich.«

»Terstegen meint, das Silvestergeschäft kann man sich nicht entgehen lassen«, sagt sie.

»Der hat ja auch in Sauna und Swimmingpool investiert«, sage ich. »Der Aufwand lohnt sich nicht für mich.«

»Ach ja, du liest lieber«, sagt sie. »Manchmal glaube ich, du bist der einzige hier, der Bücher liest.«

»Ich hab' halt jede Menge«, sage ich. »Was machen Rob und die Kinder?«

»Du weißt doch, jede Frau sucht sich ihre Strafe selbst.« Sie lächelt ironisch. »Und sonst?«

»Alles klar«, sage ich. »Erinnerst du dich, was Arne Thormeelen früher immer dazu gesagt hat? Jedesmal, wenn das jemand fragt, meint er damit eigentlich: Du kannst mich mal.«

Und da ist sie wieder, diese Bewegung, bekannt, ja vertraut, dieses kaum wahrnehmbare Zucken ihres Kinns, während sie den Hals dreht, ganz leicht, der Pferdeschwanz schwingt wie in Zeitlupe nach vorn, berührt fast ihre Schulter; möglich, daß ich es mir einbilde, aber bevor sie den Mund öffnet und lacht, sieht es einen Lidschlag lang so aus, als wäre da ein anderes, geheimes und verletzlicheres Lächeln, das sich um ihre Mundwinkel ausbreitet, aber dann ist es auch schon wieder verschwunden. Ich falle in ihr Lachen ein, sie steckt mich an, und ich spüre das Grinsen auf meinem Gesicht, als ich zum Haus gehe und hinter mir der Dieselmotor des Kombis anspringt.

Wir betreiben die Pension nun schon seit mehr als drei Jahrzehnten. Mit ›wir‹ meine ich unsere Familie, obwohl meine Eltern nun auch schon länger nicht mehr unter den Lebenden weilen. Am Anfang war die Zimmervermietung nur ein Nebenverdienst, standen für Gäste nur zwei Räume unter dem Dach zur Verfügung. Später kamen die Zimmer im ersten Stock dazu, und schließlich überredete ich meine Mutter, am hinteren Ende der damals gerade neu ausgebauten Lobby eine kleine Bar einzurichten, ein bißchen auch, weil mir die Vorstellung gefiel, hinter dem polierten Tresen Daiquiris und Manhattans zu mixen. (Im wirklichen Leben bestellen die meisten Leute dann doch nur Aquavit und Bier.)

Inzwischen mache ich fast alles allein. In den Sommermonaten, zur Hochsaison, geht mir Clara Schiffmacher zur Hand. Sie wohnt nur drei Häuser weiter und besorgt den Etagendienst mit der Präzision eines Marinesoldaten; was das Aufschütteln von Kissen und Einschlagen von Laken angeht, ist ihre Akkuratesse nicht zu übertreffen. Ich beschäftige mich mit den Buchungen, stehe an der Rezeption, telefoniere mit dem Fremdenverkehrsamt, erledige die Einkäufe und übernehme die Warenausgangskontrolle. Morgens bereite ich das Frühstück, und abends – außer sonntags – stehe ich von sieben bis elf hinter den Zapfhähnen, plaudere mit den Gästen, lache über ihre Witze, gebe einen aus, empfehle Restaurants, fachsimple über Automarken und krame Aspirin aus der Hausapotheke. Viele meiner Gäste kommen jedes Jahr wieder. Sie wissen, daß ich für sie da bin.

Wann immer ich eine freie Minute habe, lese ich.

Von der Theke aus sieht man auf die Wand mit den Büchern. Ich habe nie gezählt, wie viele es insgesamt sind, aber das Regal geht über eine Breite von fast vier Metern, vierundzwanzig an den Enden mit Winkelbuchstützen gesicherte Bücherböden aus gebeizter schwarzer Esche, die etwa einen halben Meter über dem Parkett beginnen und bis unter die Decke reichen. Auf der rechten Seite des Regals, in der Ecke, befindet sich mein Platz, ein aus Kolonialzeiten stammendes Ungetüm von einem Korbsessel, dessen Knarren – vor allem im Winter, wenn die Straßen hier so zufrieren, daß nicht einmal entfernte Motorengeräusche die Stille durchbrechen – mich manchmal denken läßt, daß alle

Bars und Bibliotheken dieser Welt doch nur Wartezimmer der Zeit sind. Rattan kann man nicht ölen.

Ich verteile die Immergrüngestecke auf den Tischen und bleibe, wie so oft, vor dem Regal stehen, lasse meinen Blick über die Buchrücken schweifen. Schon meine Mutter war sehr belesen, und eine ganze Reihe der vorhandenen Titel, annähernd die Hälfte, stammt aus ihrem Nachlaß, wie etwa die Buchclubausgaben von Pearl S. Buck, all die Catherine-Cookson-Bände oder ihr Lieblingsroman – wie sollte es anders sein – »Menschen im Hotel«. Bei den anderen Werken handelt es sich um Taschenbücher mit rissigen Rücken, viele mit Remittendenaufdruck auf dem Schnitt, die Gäste auf ihrem Zimmer zurückgelassen haben, Einweglektüre, die mit dem letzten Satz wahrscheinlich schon vergessen war, dynamitgeladene Abenteuer mit bis an die Zähne bewaffneten SAS-Spezialkommandos, eine eselsohrige, von einer Freundin zur nächsten weitergereichte Ausgabe von »Salz auf unserer Haut«, oder schwedische Liebesgeschichten aus den siebziger Jahren, die ich nicht durch Entsorgung zensiert habe, ganz im Gegenteil zu einem englischsprachigen, tatsächlich mit Bleistiftanstreichungen versehenen Paperback mit dem Titel »Hard Cock Nazi Masters«, das ein junger, sehr ruhiger Mann, Typ Traum aller Schwiegermütter, vor einigen Jahren auf dem Spülkasten in seinem Bad liegengelassen hat. Ich spielte kurz mit dem Gedanken, es an seine Heimatadresse zu schicken; schließlich muß hier jeder ein Anmeldeformular ausfüllen.

Meist sind es die Bestseller von gestern, die hier liegenbleiben, nicht mehr ganz taufrische Ware mit Inhalten und Umschlägen, die ein wenig aus der Mode gekommen sind. Im Laufe der Jahre habe ich so viele

Perry-Mason-Romane gelesen, daß ich Kurse in amerikanischem Strafrecht geben könnte, dann häuften sich die herrenlosen Nick-Carter-Taschenbücher, und »Bonjour Tristesse« müßte eigentlich »Adieu Françoise« heißen, so oft, wie es hier zurückgelassen worden ist. Die Tiergeschichten von James Herriot füllen allein fast ein halbes Regalbrett, und anscheinend ist heute niemand mehr der Meinung, daß die Welt morgens um sieben noch in Ordnung ist – ich habe sechs identische Ausgaben davon. Jilly Cooper, Barbara Cartland, Judith Krantz, durchgeblättert, verschlissen, abgegriffen, ausgelesen, weggelegt. Mit Büchern ist es wie mit Hotels. Jedes hat seine Saison.

Ich habe sie fast alle gelesen; wer nicht hier lebt, weiß nicht, wie lang so ein Winter an der Küste sein kann, und in jedem Sommer sammeln sich wieder gut zwei Dutzend Bücher an. Die meisten halten, was sie versprechen. Und so sitze ich hier, eine *bewegende Geschichte mit unvergeßlichen Figuren* vor Augen, während draußen der Schnee fällt, vertiefe mich in *das faszinierende Porträt einer außergewöhnlichen Frau*, verliere mich in einem *zutiefst anrührenden Roman über die erlösende Kraft der Liebe und die unberechenbaren Gezeiten des Glücks* und all den Sätzen über das Leben, die vielleicht nur halb wahr sind, aber möglich, ja: möglich.

Das ist wahrscheinlich auch der Grund dafür, warum ich allein geblieben bin. Es gab eine ganze Reihe von Frauen in meinem Leben – Karen, mit der ich fast fünf Jahre zusammen war, Kristin, die einen englischen Soldaten geheiratet hat und heute in Sheffield lebt, oder Astrid, die sogar im Testament meiner Mutter bedacht worden ist –, aber am Ende wollte mich wohl keine mit Victoria Holt und Danielle Steel teilen. Romane waren jedenfalls nicht ihre Welt, und dazu fällt mir dieser

Sinnspruch ein, den ich mal auf einem Abreißkalender gelesen habe. Entweder du umarmst ein Buch, oder du liest eine Frau. Klug gesagt. Womöglich muß man sich wirklich für das eine oder das andere entscheiden.

»Kann ich einen Drink bekommen?«

So geht das, wenn man liest. Die eine Welt verschwindet in der anderen; irgendwann bin ich aufgestanden, um die Beleuchtung über der Bar und die am dritten Bücherbord befestigte Leselampe anzuschalten, aber seitdem habe ich mich nicht mehr bewegt, höchstens die Beine übereinandergeschlagen oder das Kissen in meinem Rücken zurechtgeklemmt. Der Korbsessel quietscht, als ich mich umdrehe und zur Tür sehe.

»Sicher.« Meine Stimme klingt, als wäre ich gerade aufgewacht, und ich räuspere mich. »Was darf's denn sein?«

»Ein Martini.«

»Bianco oder rosso?«

»Bianco. Ohne Eis.«

Der letzte Gast des Jahres. Penelope Irgendwas, den Nachnamen habe ich mir nicht gemerkt. Sie trägt diese neumodischen Turnschuhe mit Fünf-Zentimeter-Gummisohlen und eine dieser albernen Samthosen mit Schlag, wie wir sie in den Siebzigern getragen haben; als sie ihren grauen Doppelreihermantel aufknöpft und den Schal von ihrem Hals wickelt, kommt eine glänzende weiße Kunststoffbluse mit langem Kragen zum Vorschein, mit der die Chronik von Perlon und Dralon ins nächste Jahrtausend fortgeschrieben wird. Ein lächerlicher Aufzug, der jeder Beschreibung spottet. Eine absurde, durch einen Gürtel mit großer schwarzer Plastikschnalle abgerundete Montur, die sie unglaublich sexy aussehen läßt.

Und das ist ein Kapitelanfang, sie weiß es nur nicht. Kein erstes Kapitel, das siebte oder achte vielleicht, auf jeden Fall noch im ersten Drittel, mit Figuren, die bereits bekannt sind. Es handelt nicht von ihr.

»Da draußen fühlt man sich wie am Ende der Welt«, sagt sie, zieht die Zitronenscheibe vom Glasrand ab und legt sie in den Aschenbecher. »Ich bin bis zu den Klippen gelaufen, ohne einer Menschenseele zu begegnen.«

»Im Sommer ist mehr los«, sage ich. »Da können Sie schon frühmorgens die ersten Surfer beobachten.«

»Penny«, sagt sie. »Nennen Sie mich einfach Penny.« Sie schüttelt den Kopf. »Ist schon in Ordnung. Ich wollte einfach nur allein sein.«

Ich rühre meinen Gin Tonic um. Jetzt weiß ich, warum sie hier ist. Sie versucht, ein paar Sätze in ihrem Kopf umzuschreiben. Das macht man immer, wenn man allein sein will.

»Hier kommt man sich vor wie in ›Bates' Motel‹, sagt sie.

»Gut, daß Sie's sagen.« Ich wölbe die Unterlippe vor, lasse den Mund leicht offen stehen und verdrehe die Augen. »Ich wollte noch in den Keller, mich um meine Mutter kümmern.«

Sie lacht. »Cheers.«

»Na ja«, sage ich, während ich auf die Regale deute. »Einen Unterschied zwischen Norman und mir gibt's schon. Norman hatte keine Bücher.«

Sie ist scheu. Scheu, schön und frech. Ihr Teint ist immer noch leicht gerötet von der Kälte, und die paar Sommersprossen auf ihren Wangen bilden einen aparten Kontrast zu ihren blaßblauen, leicht herausfordernd blickenden Augen, in denen sich ihr Alter spiegelt, dreiundzwanzig, so jung, so leichtsinnig, so ernsthaft, so *erwachsen*, wie sie es nie wieder sein wird. Ich kenne sie, und ich kenne diese Geste, mit der sie sich zwei Strähnen aus der Stirn streicht, die gar nicht da sind, aber das gehört zu dieser Bewegung. Ich kenne dieses Parfum, ich kenne dieses Kopfschütteln, ich kenne diese Art, wie sie die linke Hand in die Seite stützt. Ihr Mantel steht offen, und ihre Brust hebt sich sacht unter der weißen Bluse, während sie ihr Gewicht von einer Plateausohle auf die andere verlagert.

Ich kenne diesen Moment, dieses kurze Flimmern, und ich weiß auch, was sie gleich sagen wird.

»Laß uns zum Nordstrand runterfahren«, sagt sie.

»Ich weiß nicht, ob das eine gute Idee ist«, sage ich.

»Meinst du, Rob wäre so begeistert davon?«

»Wohnt Gott zur Miete?« sagt sie. »Hank, ich brauch' einfach jemanden zum Reden, das ist alles.«

Sie hat recht, es ist nichts dabei. Wir kennen uns schließlich schon seit Ewigkeiten, seit der dritten Klasse, als sie mit ihren Eltern hierhergezogen ist und zwei Tische vor mir saß, kariertes Kleid und Zöpfe, ohne daß ich weiter auf sie geachtet hätte, während ich, flankiert von Robbie Weymeersch, damit beschäftigt war, den alten Streber Petterson mittels gebündelter Krampenartillerie, zusammengehalten vom Speichelfluß früher Verachtung, für die nächste große Pause und sein ganzes Leben zu demoralisieren, wenn wir nicht gerade Fußballbilder auf der großen Treppe tauschten. Es war die endlos lange, mädchenlose Zeit, als wir uns selbst genügten und jeder Packergriff in die Weichteile des anderen ein intuitiver Akt der Selbsterkenntnis war. Ich öffne Anneke die Autotür, und sie langt herüber und zieht den Knopf auf der Fahrerseite hoch, als ich zur anderen Seite des Commodore hinübergehe.

Aufgefallen ist sie uns erst später. Im Jahr zuvor hatten uns die Engländer im Weltmeisterschaftsfinale geschlagen, doch dann standen wir plötzlich selbst im Abseits, wenn die Mädchen aus unserer Klasse, die eben erst noch bei »Himmel und Hölle« gestolpert waren, mit nach Schulschluß aufgelegter Schminke auf den Rücksitzen frisierter Maschinen verschwanden, die Arme unterhalb der Rippen jener verschränkt, deren Koteletten in den Jahren gewachsen waren, die wir damit verschwendet hatten, der Pfeife Petterson die Luft aus den Reifen zu lassen. Robbie zerbrach die Georgie-Fame-Platte, die er zusammen mit dem Dual-Plattenspieler zu Weihnachten geschenkt bekommen hatte; wir teilten uns eine Zigarette bei offenem Fenster und hörten »Substitute« von den Who. Ich weigerte mich, jemals wieder meine braune Kordhose anzuziehen, was mir eine schallende Ohrfeige von meinem Vater einbrachte. Meine erste Freundin hieß Britt und wollte keine Zungenküsse geben. Meine zweite hieß Inga und wollte. Die Zeiten änderten sich. Bald sollten sie noch ein bißchen anders werden.

Im zweiten Lehrjahr hatte ich das Geld für einen gebrauchten Motorroller zusammen. Ein paar Tage später kreuzte ich damit vor Verplancks Bootshalle auf, holte meinen Kamm aus der Tasche und kämmte mir die Haare nach hinten; die anderen auf dem Asphalt aufgereihten Maschinen glänzten matt im noch hellen Licht des Tages, und von Nordosten wehte ein warmer Wind. Arne Thormeelen und Frank Olsen standen vor der Tür, und ich nahm einen tiefen Schluck aus der angebotenen Bierdose, bevor ich ins Halbdunkel des Raumes trat.

Und von dieser Sekunde an hing sie an meinem Arm. Superkurzer Rock und knielange Stiefel, verschränkte sie die Hände in meinem Nacken, während »I Can Hear Music« aus den Lautsprechern drang, und das konnte ich wirklich, als sie in mein Ohr flüsterte, ihr Atem meine Haut streifte, sie mich anlachte und ihr Haar zurückwarf; die Bässe dröhnten durch meine Adern, ich beugte mich zu ihr, die Hand auf ihrer Hüfte, während ich zusah, wie sich ihre Lippen im Stroboskoplicht teilten, ohne zu wissen, ob sie überhaupt etwas sagte. Es war egal, es war genug. Nein, war es nicht, als ihre Brust meinen Oberarm berührte; ich zog sie enger an mich, um sie sofort wieder freizulassen, zu sehen, ob sie zurückkommen würde, und dann war sie wieder bei mir, nur der Hauch einer Erwiderung, aber ich spürte ihn, fing ihn auf, im gleichen Moment, als sich mein Lächeln in ihrem fortsetzte, ihr Blick, der sich senkte, um sich wieder zu heben und zurückzukehren, gleichzeitig mit den Innenseiten ihrer Finger, die sich sanft krümmten, als sie ihre Hand ausstreckte und um meinen Unterarm schloß.

In diesem Augenblick wußte ich es. Die Dinge passierten nicht, weil sie es sollten. Sie passierten, weil sie es mußten.

Aber vor allem passierten sie *langsam*. »I Close My Eyes and Count To Ten« ging in »For Once in My Life« über, und ich hielt sie fest, zuerst so, daß sie es sich immer noch anders überlegen konnte, doch dann legte sie ihren Kopf an meine Schulter. Das Flackern ihrer Wimpern zuckte über meinen Hals, und ihre Hände lagen auf meinen Schulterblättern, preßten mich gegen sie; die Fingerspitzen meiner Rechten erkundeten ihre Nackenlinie, und mein Daumen tastete sich über die geschmeidige Kurve ihres Kinns zu der Mulde unterhalb ihrer Lippen, ehe ich ihren Mundwinkel erreichte, ganz außen, ohne daß ich es gewagt hätte, weiter vorzudringen, als ich erst ihre Stirn, dann ihr Jochbein an meiner Wange spürte und alles ineinanderfloß, ihr Mund, der sich vorsichtig öffnete, meiner, der alles richtig machen wollte, bevor sich ihre behutsame Zungenspitze mit meiner traf. Ich wollte dich schon immer, schoß es durch meinen Kopf, obwohl ich vorher nie daran gedacht hatte. Als wieder ein schnelleres Stück kam, machte sie sich von mir los, sah mich aus traumverlorenen Augen an und verschwand durch die Menge der Tanzenden auf der Toilette. Arne stieß mich von hinten in die Nieren und bedeutete mir durch eine Kopfbewegung, ihm nach draußen zu folgen.

Als ich wieder hereinkam, passierte alles gleichzeitig. Ich sah sie sofort, zurück auf der Tanzfläche, und es kam mir vor, als würde ich mich selbst beobachten, wie sie die Arme um mich schlang, meinen Blick suchte, aber es war Robbie, der da an meiner Stelle stand, nein, Rob, da legte er Wert drauf, so wie aus mir Hank geworden war, wir waren schließlich keine Kinder mehr. Sie war vollkommen in ihn versunken, und seine Hand glitt über ihren Hintern, während seine halblangen Haare ihr Gesicht verdeckten, ohne verbergen zu können, was hinter diesem Vorhang geschah. Gelächter und Satzfetzen drangen an meine Ohren, aber ich hörte nichts außer dem Refrain von »Honey«, der meine Schläfen zum Pochen brachte und mich schier verrückt werden ließ. Ich schmeckte Sand und Lehm. Ein Knebel aus Unglauben und Ohnmacht verschloß meine Kehle, und auf dem Weg zu meiner Maschine kamen Wut, Haß und Verzweiflung dazu. Dann fuhr ich los.

Ich bin oft gefahren in dieser Zeit. Kurz darauf hörte ich, daß Anneke und Rob zusammen in Kopenhagen waren. Als sie zurückkamen, war sie schwanger, doch das wußte sie damals noch nicht. Vier Monate später bat mich Rob, sein Trauzeuge zu sein. Ich stand neben ihnen, lächelte und umarmte sie. Viel Glück für euch beide. Hundertvierzig Kilometer weiter hielt ich an einer Tankstelle an. Der Tankwart fragte, ob ich nicht frieren würde. Mein Sakko stand offen. Ich tastete nach den Knöpfen. Sie waren kalt. Nicht mehr lange, sagte er, dann fällt der erste Schnee.

»Ich glaube, ich nehme noch einen«, sagt sie.

»Was?«

»Einen Martini.«

»Bianco«, sage ich. »Ohne Eis und ohne Zitrone, stimmt's?«

»Sie sind ja richtig lernfähig«, sagt sie. »Wissen Sie, Sie sehen gar nicht aus wie jemand, der viel liest ... hm, Lesebrille und so, Sie verstehen schon.«

»Ich hatte schon immer gute Augen«, sage ich. »Das letzte Mal, daß ich beim Sehtest war, muß irgendwann Anfang der Siebziger gewesen sein.«

»Die siebziger Jahre«, sagt sie, hakt die Daumen um ihren Gürtel und dreht sich einmal um die eigene Achse. »Todschick. Donna Summer, Disco-Fieber und die ganzen Sachen.« Sie stemmt die Ellbogen in die Hüften, läßt die Schultern gegeneinander kreisen und schnippt mit den Fingern. »Hey, Boogie Nights.«

Fransenjacken, Mittelscheitel, K-Tel-Sampler. Sie hat keinen blassen Schimmer, denke ich, aber das ist ja eigentlich auch kein Wunder. »Das Beste an den Siebzigern war Schweinchen Dick«, sage ich und mache eine Kunstpause, bevor ich mit Quäkstimme fortfahre: »*Und immer schön fröhlich bleiben.*«

Jetzt fahre ich wieder, in meinem königsblauen Commodore Baujahr 66 mit Lenkradschaltung, der meinen Motorroller vorletztes Jahr abgelöst hat; am

Ortsausgangsschild vorbei Richtung Nordstrand, hinaus aus den letzten fünf Jahren und wieder hinein. Anneke zieht nervös an ihrer Zigarette und redet. Sie redet von ihren Eltern, die von ihr wollen, daß sie in zwei, drei Jahren die Gärtnerei übernimmt, Kränze winden und Chrysanthemen beschneiden, schließlich hat sie ihre Ausbildung zur Floristin ja nicht umsonst gemacht, daß sie sich lebendig begraben fühlt in diesem Kaff, daß sie das alles nur für ihre Kleine tut, Jennifer, die sie nach dem Mädchen aus »Love Story« benannt hat, fast fünf ist sie schon, und ob ich mich an die Szene erinnern würde, in der sich Ryan O'Neal und Ali McGraw mit Schneebällen bewerfen. Nein, sage ich. Ich habe den Film gar nicht gesehen.

Sie erwähnt Rob nicht, mit keinem Wort, so als käme er in ihrem Leben gar nicht vor, und ich frage auch nicht nach, immerhin weiß ich, daß er seit anderthalb Jahren auf einer Bohrinsel arbeitet und nur alle sechs Wochen nach Hause kommt, ein Knochenjob, der aber gutes Geld bringt, schließlich hat er ja Familie. Nur, daß Anneke kein bißchen nach Kindergarten, Sonderangeboten und Tiefkühlkost aussieht; in ihren Augen ist kein Platz dafür. Sie klappt die Sichtblende herunter und zieht sich die Lippen im Spiegel nach. Ich biege auf den kleinen Parkplatz am Ende der Straße ein. Anneke geht mir voran die Treppen hinunter, die zum Strand führen. Kurz dreht sie sich um, dann bin ich neben ihr.

Der Sand ist gefroren, und nichts ist zu hören außer dem leisen Knirschen unserer Schritte. Auf dem Meer treiben Eisschollen, fahl funkelndes Stückwerk auf einer blanken schwarzen Ebene; die Nacht ist so hell, daß ich die Schneewehen in den Dünen sehen kann, während wir am Ufer entlanglaufen. Mit einer Hand hält sie den Kragen ihres Mantels um ihren Hals zusammen, mit der anderen hakt sie sich bei mir ein.

Wir gehen schweigend, aber es ist kein Schweigen, das zwischen uns hängt, kein tonloses Warten, sondern eine leichte, sanfte Stille, die mit ihren Atemfetzen zu mir herübertreibt, eine Stille, in der nichts fallen, alles aufgefangen wird, in der wir uns langsam, leise staunend drehen. Weit vor uns kann ich die Umrisse von Martinens gestrandetem Kutter erkennen, der vorgestern von Jorgensen und den anderen weiter auf den Sand gezogen worden ist, aber es kommt mir vor, als würde ich gerade die Augen öffnen und mich einen Moment lang wundern, mich einen Moment lang wundern und gleichzeitig fragen, warum man sich nicht immer wundern kann.

»Manchmal wünschte ich, ich könnte wieder da anfangen, wo ich aufgehört habe.« Sie flüstert es fast, als wären ihre Worte gar nicht für mich bestimmt, aber gleichzeitig schließt sich ihre Hand fester um meinen Arm.

»Wenn du weißt, wo das war.« Ich bleibe stehen und deute vage die Uferlinie entlang. »Aber du kannst dir auch einen neuen Punkt aussuchen, von dem du wieder anfangen kannst.«

»Ich muß ihn nur finden«, sagt sie.

»Man fährt einfach los«, sage ich und weiß im selben Moment, daß es eine Lüge ist. »Wir haben das ganze Leben noch vor uns. Irgendwo kommen wir schon an.«

»Ich bin dreiundzwanzig«, sagt sie, »aber es kommt mir vor, als müßte ich mich dauernd in den Arm kneifen, um es nicht zu vergessen.« Sie läßt mich los. »Vielleicht ist auch einfach nur niemand da, der mich daran erinnert.«

Ich klaube eine Muschel vom Boden auf und werfe

sie ins Wasser. »Das ist einfach«, sage ich. »Soll ich dir 'nen Knoten in den Schal machen?«

Sie lacht, tritt zwei Schritte zurück und öffnet, die Hände in den Taschen, ihren Mantel, steht mit ausgebreiteten Armen da und kommt auf mich zu. »Ausgerechnet jetzt«, sagt sie und schüttelt ihr Haar nach hinten, halb, als könnte sie es nicht fassen, halb, weil sie weiß, wie gut sie so aussieht. »Ich hab' ihn nämlich bei dir liegenlassen.«

Dann ist sie bei mir, und eine Bewegung geht in die andere über, als sie im Sand umknickt und ich sie auffange, die eine Hand um ihre Hüfte lege und ihr Rückgrat durch die weiße Bluse spüre; einen Augenblick lang verharrt sie so, während sie mit der Linken nach meinem Mantelaufschlag greift und dort Halt sucht, dann hat sie ihre Balance wiedergefunden, steht mir gegenüber, sieht zu mir auf, und es ist dieses Lächeln, das ich eigentlich festhalten will, als ich den Mantel um sie lege. Einen Moment lang wünsche ich mir, ich wäre stumm geboren, aber das sage ich ihr jetzt ausnahmsweise nicht.

»Weißt du, was das Gute hier draußen ist?« sagt sie. »Daß hier keine Mobiles von der Decke hängen.«

»Nur Sterne«, sage ich und finde, daß es sich töricht anhört, wie die letzte Durchsage vom Kap der Narrenkappe, aber es ist genau das, was sie hören will.

»Sieben-drei-fünf-drei«, sagt sie in einem Ton, als hätte sie mich genau durchschaut. »Sterne hängen nicht, sie schweben.«

Wir sind weitergegangen, aber das war später, als sie meinen Schal trug und ich unterwegs stehenblieb, nur um ihr nachzusehen, einfach nur zu beobachten, wie sie ihren Weg fortsetzte, bis sie mir zurief, wo ich denn bliebe. Ich dachte nicht über Siege und Niederlagen nach, sondern nur, daß die Dinge wirklich passieren müssen. Wir redeten allen möglichen Unsinn, über gräßliche und schöne Namen, standen im Windschatten von Martinens Kutter und suchten den Großen Wagen, aber der war gerade auf Liefertour, und sie erzählte mir, was Sieben-drei-fünf-drei heißt; tippen Sie die Zahl einfach mal in den Taschenrechner, dann drehen Sie ihn um. Nein, sie hat mich nicht »Honey« genannt. Solche Dinge kommen nur in Romanen vor.

Natürlich habe ich sie wiedergetroffen, mit Jenny auf der Strandpromenade, vor irgendwelchen Schaufenstern an der Hauptstraße, am Briefkasten vor der alten Post. Man sieht sich, unser Ort ist schließlich nicht sehr groß. Hier kennt jeder jeden. Ich saß mit Larsen Donath beim Bier, als Rob mir im Vorbeigehen auf die Schulter schlug, bevor er die nächste Runde Dartspfeile auf die Zielscheibe fliegen ließ. Lange nicht gesehen. Das Tempo dieser Zeit ist keine Kleinigkeit.

Annekes zweites Kind war eine Frühgeburt. Es war ein Mädchen und kam an einem Sonntag im September 1975 zur Welt, Sternzeichen Jungfrau, zuverlässig, treu, erdverbunden, wie es in den Büchern steht. Anneke lag noch auf der Entbindungsstation, als ich Rob auf der Straße traf. Ich verstand nicht, warum er nur den Kopf schüttelte, als ich ihm gratulierte. Er sah aus, als hätte er tagelang nicht geschlafen, und dann fing er an, unzusammenhängend über Chromosomen und Namen zu reden, über Anomalien und Melodien; vielleicht war es auch so, daß er alles ganz normal erklärte, nur daß ich die Worte nicht zusammenfügen konnte. Ich stand nur da und starrte ihn an, ohne irgend etwas zu begreifen.

Er redete über Namen. Daß sie sich monatelang Gedanken gemacht hatten, weil Anneke wollte, daß ihr zweites Kind einen besonderen Namen bekam, weil

Namen das Leben bestimmen, schon ihr Klang weht in die Zukunft voraus. Sie hatte lange überlegt, aber schließlich hatte sie gewußt, wie ihre Tochter heißen sollte. Melody. Melodie, weil alle Töne nur Zufall sind, wenn man sie nicht singen kann. Aber jetzt hatte sie sich für einen anderen Namen entschieden, einen französischen, den ich vorher noch nie gehört hatte.

Wie durch weißes Rauschen drang das Wort zu mir herüber.

»Elodie«, sagte Rob. »Sie heißt Elodie.«

»Elodie?« Ich hatte das Gefühl, mit einemmal nicht mehr sprechen zu können. »Warum?«

Er schüttelte nur immer weiter den Kopf. »Weil was fehlt, Hank«, sagte er. »Weil was fehlt.«

Im darauffolgenden Winter habe ich angefangen zu lesen. Ich hatte Zeit, und es standen ja genug Bücher herum, Bücher, von denen manch einer behauptet, sie wären nur drittklassiger Schund für Leute, die auf der Flucht vor der Wirklichkeit sind. Aber das stimmt nicht. Wer etwas vergessen will, kann genausogut die nächste Bar aufsuchen, und ich habe sogar meine eigene. Ich sitze in meinem Korbsessel und lese dort weiter, wo ich aufgehört habe. Ich lese, um mich zu erinnern.

Elodie wird nie erwachsen werden. Sie lebt in einem Heim mit großem Park, in einem Zimmer mit hellen Möbeln und Bildern von Pferden an den Wänden. Freundlich und ruhig ist es dort, und manchmal, wenn Rob auf Montage ist, nimmt Anneke mich mit. Wir sitzen in ihrem Kombi und reden belanglose Dinge, über die Gärtnerei, meine Gäste oder den Hundesalon, der neulich aufgemacht hat. Sonst sehe ich sie sowieso einmal die Woche, wenn sie die Blumen vorbeibringt. Wenn sie mir die Gestecke überreicht, berühren sich unsere Hände. Und so beiläufig diese Berührung auch sein mag, erinnert sie mich immer an Sieben-drei-fünf-drei, an Februar und September und daran, daß man für manche Dinge keinen Taschenrechner braucht.

Es ist spät geworden. »Zeit zu schließen«, sage ich.

»Ich glaube, ich bleibe noch einen Tag länger«, sagt das Mädchen in der weißen Bluse. Genau, Penny. »Es hat doch was für sich, wenn nichts los ist. Ich konnte Surfer sowieso noch nie leiden.«

»Aber drehen Sie den Schlüssel zweimal um«, sage ich. »Man weiß nie, wer plötzlich hinter dem Duschvorhang auftaucht.«

Sie lacht. »Jetzt haben wir die ganze Zeit über Bücher geredet, und ich weiß immer noch nicht, was Sie gerade lesen.«

»›Das Glück ist eine seltene Münze‹«, sage ich. »Guter Titel, nicht?«

»Wollen Sie mich verarschen?« sagt sie und nimmt ihren Mantel von der Stuhllehne. »›Trainspotting‹, das ist ein guter Titel.«

»Nie gehört«, sage ich. »Gute Nacht, Penny.«

Da steht sie, den Mantel über den Arm gelegt, schon halb auf dem Weg zur Treppe. »Gute Nacht, Norman Bates.«

»Sagen Sie einfach Hank.« Ich stelle die Gläser in den Ausguß, bevor ich auf den Barhocker ganz außen deute. »Und vergessen Sie Ihren Schal nicht.«

Die Beleuchtung über der Bar muß noch ausgeschaltet werden. Während ich die Gläser spüle, denke ich mir, daß ich noch ein paar Seiten lesen werde, schließlich will man ja wissen, wie es weitergeht. Ich denke, daß ich noch nicht müde bin. Ich denke, daß die Dinge passieren. Ich denke an Vornamen. Ich denke an Penny und frage mich, welches Buch sie hier vergessen wird.

ZÉ DO ROCK

Mein Kampf

Kapittel 1

Ja, endlich raus aus der kiste, endlich mal in di freiheit!
Shön is es hir, eine etwas kleine aber sonnige
buchhandlung. So vergilben meine blätter nich so
shnell, ausserdeem kommt mein bunter und, wozu di
ganze besheidenheit, interessanter umshlag voll zur
geltung.

Ein monat in disem lager, ich hab shon geglaubt ich
komm da ni mer raus. Und dann der transport, das war
doch keine fart sondern ein rodeo. Naja, jez is es vorbei
und der farer hat zur strafe eine grippe.

Ich hab nur 2 brüder dabei. Da gibt s vil höere
haufen, di werden di ganze aufmerksamkeit auf sich
zin. Aber vileicht glaubt der potenzielle kunde doch
eer, das bücher wi ich vil shneller wek gen, das ich
vorher vileicht teil von eim zener stapel war.

»Und, gefällt s dir hir?«

Das is das buch neben mir, ein wände–roman, der auf
4 brüdern sizt. Er shaut mich etwas gelangweilt an.

»Is doch ganz in ordnung, oder? Sonnig und
ruig...«

»Ja ja, vor allem ruig. Di sonne get, di rue bleibt. Nix
los, und man bleibt jungfräulich.«

»Naja, irgendwann kommt man shon wek. Hoff
ich.«

»Hoff ich auch.«

»Wi lang sizt du shon hir?«

»Naja, ein par tage ...«

Drei haufen weiter meldet sich ein psychologi-für-alle.

»Ein par tage, wenn ich nich lach! Zwei wochen sizt er shon da!«

»Ganze zwei wochen waren s auch nich. 13 tage. Eigentlich 12 1/2.«

Der wände-roman is nich ser fro über di bemerkung.

»Worüber bist du?« frag ich, um eine gute nachbarshaft nich sausen zu lassen.

»Ich bin ein wände-roman. 2 wände lernen sich kennen und verliben sich, aber di umwelt is böse und lässt si ni zusammen kommen. Und worüber bist du?«

»Ich bin ein saiens-fikshen. Und gleichzeitig ein roman zwishen 2 türen, es passirt im jar 2080, da können sich türen shon bewegen. Es gibt türen, di feeling-chipps eingebaut ham, und andre, di sich bewegen können aber noch keine solche chipps ham, und eine gefülvolle tür verlibt sich in eine gefüllose, da sind di probleme shon programirt. Di gefülvolle verlirt manchmal di geduld und nennt di andre eine frigide gefüllose tür, wofür di gefüllose überhaupt kein verständnis hat und dauernd antwortet: du lässt mich kalt.«

»Und wi stet s da mit den wänden? Können di sich shon bewegen, ham di shon gefüle?«

»Das kommt erst im jar 2160. Aber es is eine unnüze erfindung, wozu sollen sich wände bewegen können, ich mein, da sagst du, wand, mach dich etwas breiter, es is zu eng in disem zimmer, und shon beshweert sich der nachbar das es bei ihm zu eng geworden is, also gibt er ein gegenbefeel, und so verbringt man sein tag, seine wonung größer zu machen oder zu verhindern, das si kleiner wird.«

»Ja, that duznt make sens, wi di angelsaxen sagen.«

»Kannst du auch english?«

»Nur ganz am anfang, beim orginaltittel. Aber sag mal, was hat man davon, das türen sich bewegen und fülen können?«

»Im jar 2080 ham zu wenig leute kinder, und hunde sind verboten, weil si dauernd ire haufen irgendwo ligen lassen. Im jar 2080 sind di hunde für di kaz. Di meisten leute leben und arbeiten alein zuhause, dann brauchen si gesprächspartner. Und das sind meistens möbelstüke.«

»Ah.«

»Und warst du der erste auf deim haufen, oder sind shon ein par von deinen brüdern wek?«

»Ich bin der erste. Aber bald nich mer.«

»Wiso?«

»Entweder kauft mich jemand oder ich land im regal. Oder komm gleich zurük ins lager im keller.«

»Und deine familie, is si neu im geshäft?«

»Ja. Wir sind fast alle neu hir, da auf dem andren tish sind di meisten shon länger im geshäft, das sind di super-seller, aber di sprechen kaum mit uns, si bleiben sowiso nur kurz da und shon sind si wek und eine neue ladung is gekommen.«

Ich will nix sagen, aber ich glaub, es hängt vileicht mit seinem umshlag zusammen, man sit 2 weisse wände di sich gegenüber sten, auf eim shwarzen hintergrund. Da wird der leser kaum draufkommen, das es sich um ein wände-roman handelt, und wenn, wird er ihn vileicht erst recht ligen lassen.

»Glaubst du das das tema aktuell is?«

»Weiss ich nich, vileicht ham di leute allmälich di

nase voll. Oder di augen. Und glaubst du das dein
türroman eine shansse hat?«

»Naja, aktuell is es noch nich, das kommt noch.
Andrerseits, glaub ich nich das der buchhändler mich
hir auf disem wichtigen tish bis zum jar 2080 ligen
lässt.«

»Bis dahin bist du auch vom keller wek.«

»Wo komm ich dann hin?«

Und da meldet sich ein buch über literatur und
buchmarkt, das ser klug und weise dreinshaut.

»Man kommt ins ausliferungslager zurük, und
irgendwann wird man eingestampft!«

»Einstampfen, was heisst das?«

»Man wird rissaikelt, mein junge.«

Ein junger männlicher mensh kommt in di
buchhandlung, alle bleiben still und stramm. Mann, jez
gib dein bestes! Er kommt langsam an unseren tish –
aber glatt vorbei. Ey, ey, wenigstens mal kurz
anshaun! Aber er kann unsere shallwellen nich hören,
es is eine andre frequenz. Nein, er bleibt beim
bestseller-tish sten und fängt an, an in eim bärtigen
filosofen zu blättern. Hinter mir, 7 haufen weiter, hör
ich ein andren filosofen shimpfen.

»Seine einzige filosofi is di marktfilosofi!«

Ein andrer, besonnenerer filosof neben ihm will ihn
zügeln:

»Reg dich jez mal ab, alter, unsere bestimmung is
doch eine andre, natürlich müssen wir vil länger warten
und oft werden wir am ende hingerichtet, aber dafür
sind wir für eine warheit gestorben, für di es sich zu
sterben lont.«

Das macht mir sorgen: einstampfen, rissaikeln,
hinrichten, das darf doch nich war sein! Ich will nich für

irgendeine warheit sterben! Ganz im gegenteil, ich will leben, auch wenn ich ein bisschen lügen muss.

Immerhin, di lüge is erlicher, man kann si gleich um di eke entlarven, wärend di warheit, di warheit is doch nur eine lüge, di längere und shnellere beine hat, so das man si nich sofort entlarven kann. Aber was is dise geshichte mit dem rissaikling?

»Werden menshen auch rissaikelt?«

»Noch nich«, sagt der aufgeregte filosof, »aber wozu sollt man di rissaikeln? Mit der kaputten, giftigen substanz kann man nix mer anfangen. «

Der kunde get weiter, immerhin: er hat mich, uns nich gekauft, aber den super-seller auch nich. Der kunde bleibt vor dem regal sten, dret dauernd den kopf um di tittel lesen zu können und get am shluss zum buchhändler.

Er sucht nach eim bestimmten soziologibuch, das der buchhändler nich hat. Aber bestellen kann. Der kunde möcht es aber jez ham. Get nich, also get er richtung ausgang.

EY EY, STOP! Hir her shaun! Ich bin auch ein bissi über soziologi, man darf doch nich vergessen, das di zukünftige türensoziologi nur ein reflex der heutigen menshensoziologi is! Auch di modernen türen in der zukunft wollen gestreichelt werden!

Nüzt alles nix, er is wek. Ja, es is tatsächlich etwas zuu ruig hir. Direkt hinter mir sizt ein krimi, er heisst *Der kettensägenmörder von nebenan,* es wär nich shlecht wenn ich hir etwas erfarung sammle. Der wände-roman redet grade mit dem neuen Duden, der mit seim volumen irgendwi etwas deplazirt in der enge wirkt. Also red ich mal mit dem krimi.

»Halo, sag mal, wi get deine stori?«

»Lass mich in rue, sonst mach ich ganz kleine

shnipsel aus dir, und aus deim umshlag wird gleich ein früh-avangardistishes bild!«

Mann, is der shlecht drauf. Dabei gibt s doch zimlich angeneme und höfliche krimis. Aber di sind warsheinlich von gestern, heutzutage hilft nur noch di roe gewalt.

Und da kommt noch ein kunde, dismal ein alter weiblicher mensh, immerhin kommt si zu unserem tish, si shaut sich unsere umshläge an, nimmt sich sogar ein fraunbuch in die hand, liest aber nur den rükumshlag und legt es wider zurük. Si get am supersellertish vorbei zum buchhändler, si will wissen ob er bücher vom Karl May hat. Hat er auch nich. Dann get si zu den regalen.

Quer gegenüber von mir sizt di fraunbuch. Ich find es gar nich so unaufregend, weil meine rechte untere spize ire linke obere spize berürt. Ich frag si mal was, was soll ich shon fragen, wenn nich di typishe frage, di man sich gegenseitig stellt wenn man neu is auf eim büchertish?

»Und wi lang sizt du shon?«

»Ge doch hin wo der pfeffer wäxt!«

»Ja, entshuldigung, aber ich bin neu hir, kannst du mir sagen wo der pfeffer wäxt?«

Si sagt nix. Dafür ir nachbar, der auch mein nachbar is.

»Si mag keine macho-bücher.«

»Aber das stimmt doch gar nich, ich erzäl nebenbei sogar di geshichte von einer shwulen tür!«

»Das nüzt alles nix. Wenn du mit einer fraunbuch sprechen willst, kannst du das mit der Gabriele Nebenfrau am bestsellertish. Di lässt mit sich reden, di is da auf dem großen haufen da gleich am rand.«

Na gut, aber si is ein bissi weit.

»Halo, Gabriele, wi lang sizt du shon da?«

»Ich? Seit heute. Aber ich glaub ich muss gleich wider gen. «

»Und is es nich ser stressig, dises kommen und gen? Da hat man gar nich so richtig zeit, um sich di buchhandlung anzushaun. «

»Ja, is shon shade, aber di geshäfte rufen. «

»Und hasst du keine männer?«

»Ich? Ich hab vile!«

»Nein, ich mein *hasst* von *hassen*, nich von *haben*. «

»Ob ich männer hasse? Nur manchmal . . . «

»Ja, ich auch manchmal. Sag mal, was machst du heute abend?«

»Vileicht werd ich aufgelesen. Wenn nich, dann lig ich halt hir. «

Ja, so na und doch so weit . . . das hat man davon, das man ein buch is. Bücher ham keine beine mit denen si von eim tish zum andren springen können. Wenigstens jez nich, im jar 1997. Und auch wenn wir springen könnten, würd das nich ser vil nüzen, weil unsere verständigung nich fleishlich oder papirlich abläuft, sondern verbal, vor allem zwishen den zeilen. Wir können nich vil, aber das können wir. Wenn wir uns anstrengen.

Jez kommen 3 leute gleichzeitig rein, das heisst, shon hintereinander, so breit is di tür nich, und plözlich is di präsenz ums dreifache gestigen. Ich weiss, es sind vileicht zentausend bücher hir oben, und so geseen is di shansse nich besonders hoch. Aber ich bin ja auf dem neuheitentish und da is di shansse doch höer als wenn ich im oberen regal wär, wo vile leute mit iren händen gar nich hinkommen. Aber gleich neben mir stet diser tish mit lauter weltweit bekannten namen . . .

Ein junger weiblicher mensh verweilt an unserem tish und nimmt den kolegen vom wände-roman in di hand, ja immerhin is das shon ganz na, und einerseits is das shon ganz in ordnung wenn si ihn nimmt, aber warum wirft si kein blik in mich rein? Si legt ihn wider zurük, is ja klar, so kann si auch nich sen ob er gut is. Di filosofen lässt si links ligen (di sind wirklich links) und macht di fraunbuch auf. Das is nich gut für euch, mädels, das ir unterdrükt werdet wisst ir doch shon, jez müsst ir di andre seite kennenlernen, das männer kaum noch fraun shlagen, si sowol ausserhalb wi innerhalb der küche arbeiten lassen, und heutzutage dürfen si iren eigenen reisepass ham, also ich verstee nich.

Si legt di fraunbuch wider hin und wandert mit den augen, get über di romane, romanzen, krimis, sachbücher. Sachbücher, was sind das für bücher? Vermutlich bücher di nich über menshen reden, sondern nur über sachen, wi feuerzeuge, telefone, stüle, (lere) flashen (di vollen ham oft ein geist drin). Vermutlich rechnen di uns auch dazu, im lager gab s ein buch über bücher, man hat ihn auch sachbuch genannt, dabei wär s doch vil richtiger wenn si zu ihm *buchbuch* sagen würden. Wir bücher ham doch ganz deutlich eine sele, wir sind ja total selig. Wenigstens teilweise.

Si wandert weiter mit den augen, immer weiter wek von mir. Da sind einige interessante tittel: *Nachricht von einer abfürung,* von eim spanier namens Garcia Marx. *Wi man 40 wird und sich trozdeem nich das leben nimmt sondern weiter lächelt als wär nix gewesen*, also das find ich ein zimlich langen tittel, wenn der buchhändler das buch bestellen muss wird es shon feierabend sein bevor er s zuende geshriben hat. *Das leben fängt mit 50 an (und hört bald wider auf)*. Der hat etwas mer kürze und weist auch darauf hin. *Der dakelmörder vom Heidi Park,* ansheinend läuft das geshäft mit den kazen nich mer so gut. *Prinzessin Sissi und ir kleiner bruder Nono,* ich verstee nich warum si di arme Romy Shneider nich in rue ire ewigkeit fristen lassen können. *Oma, gib auf, das leben is sowiso sheisse,* das is offensichtlich kein buch, das vor optimismus leuchtet. *Liber tot als Claude (bekenntnisse eines frankreichhassers), liber tot als shlot (erzälungen eines militanten nichtrauchers),* das muss eine bilogi sein, das heisst, eine trilogi aus zwei. Di rüken da am andren rand auch ni auseinander und kapseln sich von den andren ab.

Und dann noch di Dianabücher: *Lady Di – ein licht im tunnel,* dann gibt s noch *Diana, Gott mag keine araber!* und *Lady Di did die,* also ich weiss nich ob man damit sherzen sollte, ich mein, si hat sich vom reitlerer auf dem heu richtig, mal, ja, ääh, eim muskulösen reitlerer hab ich gehört, und einmal is si auch mit eim afrikanishen häuptling in der küche vershwunden, also, si hat den prinzen im regen gelassen. Gut, Gott is mit seiner fazialen optik etwas shlampig umgegangen, aber das is ja kein grund, nich war, ich mein, wichtig is doch der karakter. Da gibt s auch den andren Charles, der Bronson, würd man auch nich allzu oft mit der Claudia Schiffer vergleichen, und trozdeem hat er s bis nach Hollywood geshafft und einiges an geld zusammen geshaufelt.

Da gibt s auch ein kochpolitishes manifest, es heisst *Mein mampf,* und das andre müsst eigentlich heutzutage verboten sein: *Vir männer und ein bebi (pädofili kann auch shön sein).* Ganz am rand in richtung tür stet noch *Di neue rechtshreibung für linkshänder. Ajnä ajnnvyhrung inn dih nojän ajnvachänn rähgälln,* warsheinlich is das als wiz gemeint, aber ob man wirklich noch darüber lachen kann?

Na moment, ich hab eins vergessen, das is eer mittig, es heisst *Nur tote männer sind genißbar.* Was di wol damit meint? Genißbar, heisst das wort nur essbar oder auch einfach so, genißbar, das man s genißen kann? Und wenn das der fall is, hat es was mit nekrofili zu tun? Finden manche fraun tatsächlich tote männer besser, etwa weil di männer dann endlich richtig steif sind? Ich frag mal den Duden, ich hab mir mit solch semantishen kleinuntershiden immer shwer getan.

»Du, Duden, sag mal, heisst *genißbar* nur essbar oder kann es so wörtlich genißbar bedeuten, das man s genißen kann?«

Der hat so eine tife laute bassstimme, das man meinen könnte (und er auch), er is Gott. Ser laute stimme. Deshalb sagt man immer »Laut Duden...«, jez hab ich s kapirt.

»Beides, ja.«

Di frau get jez weiter, so ein mist. In mich hat si gar nich reingeblättert, dabei hab ich sicher ein der shönsten umshläge hir. Di andren 2 kunden shmökern überall ein bissi rum, nur zu uns kommen si nich. Aber alle drei suchen bestimmt nix bestimmtes, weil sonst hätten si den buchhändler shon gefragt. Also ham wir immer noch eine shansse.

Di frau komm nach einer virtelstunde wider und bleibt bei uns sten. Si shaut mal wider in di fraunbuch rein, legt si wider hin, shaut wider über den ganzen tish, und jez is ir blik auf mir sten gebliben! Ops! Shau dir nur dises läiaut an, und disen tittel! Das kann dich doch nich kalt lassen! Aber ich weiss, fraun sind nich wi männer, nur männer reden nonstopp von heissen titteln, fraun wollen mer sen, was dahinter stekt. Dahinter, hab ich gesagt, nich darunter. Nimm mich doch nur eine minute in di hand!

Und si nimmt mich tatsächlich in di hand, und macht mich auf. Si kommt zu seite 1, das is doch nich so spannend, wenn ich s mir gut überleeg. Aber wenn si di ersten 20 seiten liest, wird si shon merken, das ich mich lon. Jez blättert si weiter zu seite 62. Lass mal sen, seite 62, naja, di is auch nich so wirklich überzeugend, vor allem im 2. absaz, wo si grad liest. Ich mein, das is so ein übergang, manchmal hat man absäze di nur etwas erklären, geshichtssträge verbinden. Zwei absäze weiter unten is eigentlich ein guter gägg, aber ob si bis dahin liest? Nein, si blättert weiter. Bei der seite 46 wär eine shöne erotishe szene gewesen, wo ein rustikales sofa ein hoker mit ewig langen beinen besteigt. Da sind di stüle shon zimlich modernisirt, alle ham ero-chipps damit si sich selbst fortpflanzen können. Jez landet si bei seite 202, da gibt s eine rebelion der wasserhäne, si ham es satt, hin und her gedreet zu werden und wollen di menshheit ersaufen lassen. Das find ich an und für sich nich shlecht, aber si – nein! Si legt mich zurük! Gottverdammte kake, warum tut si das? Si nimmt wider di fraunbuch und bringt si zur kasse. Grade di! Und da sind noch 3 von iren shwestern da, und di reagiren genauso launig auf annäerungsversuche. Wenigstens hätt si di Gabriele Nebenfrau genommen auf dem andren tish, di is doch vil angenemer.

Di andren zwei gen raus, andre kommen rein.

Kapittel 2

Di tage vergeen, di kunden kommen, di kunden gen, bei der Gabriele Nebenfrau get ein stapel wek und shon kommt der näxte. Vileicht sollt mein shöpfer das näxte mal was auch so in der richtung machen: *Männer, weert euch!* Untertittel: *Di zeit des sitzendpinkelns is vorbei!* Als argument könnt er bringen, das männer auch nich von den fraun verlangen, das si steend am pissoar ire flüssigkeiten entsorgen.

Sogar der erste wände-roman is wek. 3 aufgeregte und 2 ruige filosofen sind auch shon gegangen, und ich siz immer noch als erster da. Von den Diana-büchern da drüben sind shon ein par duzend gegangen, vor allem nachdeem gestern *The sun* di nachricht gebracht hat, das der araber eine afäre mit Prinz Charles hatte.

Ein par mal hat man mich in di hand genommen, und ein kunde hat mich sogar zur kasse gebracht, stell dir vor wi ich mich gefreut hab, und was dann? Als er den preis gehört hat, hat er mich wider zurük geleegt. Als wär ich zu teuer. Dabei hab ich 232 483 wörter und kost 35 mark, was heisst, das er 6642 wörter von mir für jede mark di er bezalt hat lesen kann. Das is doch eine ganze menge!

Mein einziger trost is das di fraunbuch wek is. Si hat sich seit dem ersten skandal nich mer verkauft und war ansheinend länger da als ich. Jez is si im regal, »beratung«. Dabei hat si doch nix zu beraten. In was für eine abteilung komm ich denn? Eine saiens-fikshen abteilung gibt s hir nich. Vileicht »romane«? Oder »reisen«? Immerhin is es eine reise in di zukunft. Auf alle fälle nich »beratung«, erstens weil ich dann in der näe von der fraunbuch wär und zweitens weil wer mich liest auf kein fall gut beraten is, sondern höxtens entratet.

»Wi lang darf man denn auf dem tish bleiben?«

»Jenachdeem. Manchmal ein par tage, manchmal sogar ein par wochen, jenachdeem wi man sich verkauft.«

»Aber das is doch eine zu kurze zeit!«

»Du, du kanst fro sein das du hir bist. Es gibt läden wo du nach eim oder 2 tagen wek vom fenster bist, wenn du dich nich ein duzend mal verkauft hast!«

Das sagt der aufgeregte filosof dahinter. Na so was. Anstelle der fraunbuch sizt jez *Kochkunst in Ethiopia* da, man sit shon von weitem, das is ein dünnes buch. Er macht auch den feler und spricht den krimi an.

»Und würdest du dich ser freun, wenn du mal hir wek kommst?«

»Lass mich in rue, du zweidimensionales papirchen, oder ich mach aus dir shnipsel noch kleinere shnipsel, und aus deim umshlag wird ein prä–avangardistishes bild!«

Muss shon sagen, sein wortshaz is nich besonders üppig. Aber heute is er ansheinend inspirirt:

»Meim käufer werd ich ein shreken einjagen, das er 3 tage shlafen nich kann!«

Nich einmal di richtige verbenfolge trifft er.

Mein probleem is warsheinlich, das ich hir fel am plaz bin. Ich bin ein saiens–fikshen, der laden is relativ klein, er is nich überall gleich gut ausgeleuchtet und man sit selten jugendliche, und ich glaub saiens–fikshen mögen hauptsächlich jugendliche. Auf alle fälle männer di liber sen als lesen. Und di kommen in so eine unatraktive bude nich rein, si gen zu den buchhandlungen di shon das jar 2080 ahnen lassen. Ich hab kaum eine shansse, ich werd bald im regal landen.

4 leute sind im laden, jez kommt noch ein junger weiblicher mensh rein. Si fängt bei den bestsellern an, shmökert überall ein bissi rein und kommt zu uns rüber. Ein junger männlicher mensh shmökert auch shon eine weile bei uns rum, der hat grade *4 männer und*

ein bebi zurük geleegt, nimmt sich *Kochkunst in Ethiopia* in die hand und sagt zu ir, das müsste eigentlich in der abteilung humor sein. Si lächelt und nimmt mein buch. Ich bin mal wider total aufgereegt, wenn ich so angefasst werd. Leider blättert si mich shnell und uninteressirt durch, si kann sich nich konzentriren, warsheinlich weil si nich weiss ob der typ si anmachen will oder ob es nur wirklich ein harmloses komentar war. Ob si s will oder ob si auf der hut is, is shwer zu sagen.

Auf seite 145 wird bei mir genau so eine situazion beshriben, mit dem einzigen untershid, das es sich zwishen einer dushe und einer badewanne abspilt. Aber da blättert si glatt drüber. Wenn er sich da einmisht, hab ich keine shansse, ich bin nur ein buch, ich muss mit den leisen stimmen meiner buchstaben bis zu den tifen ires hirns eindringen, wärend er, er kann sofort ire augen mit seim ausseen, ire oren mit seiner stimme beeindruken, ja überfluten, vileicht riecht er sogar gut. Ich glaub, wi er jez durch di bücher shmökert, das er nich mer so richtig aufpasst. Ich glaub, er überleegt sich, wi er si anmachen könnt, und das is ganz shlecht für mich. Si kann mich jede sekunde wider zurük legen.

»Shöne buchhandlung, oder?«

Also ich weiss nich was si von so einer anmache hält, aber ich find, das is zimlich das lezte, was er sagen kann.

»Ja . . .«, sagt si.

Er versheucht si nur, si wird jede sekunde woanders hin gen. Aber si blättert weiter.

»Ich weiss wirklich nich was ich eim freund zum geburtstag shenken soll. «

»Ich will was für mich selber. Aber wenn ich was shenk, find ich disen tish mit den neuheiten nich shlecht, weil bei den bestsellern kann es leicht sein, das der freund das buch shon hat. «

»Stimmt.«

Es is ein bissi besser geworden, andrerseits nüzt alles nix. Wenn di anmache shlecht is, get si, wenn di anmache gut is, bleibt si aber shenkt mir keine aufmerksamkeit. Si hat jez bei seite l78 aufgemacht:

Quilx, eine tür mit macho-chipps, hatte mal wider frei, da di hausherren unterwegs waren. Er shlich sich zu Doorly, der weiblichen tür, di ire shicht am shlafzimmer shob, und sagte:

»Doorly, weisst du, ich beobachte dich di ganze zeit von drüben, ich find es wirklich klasse wi du dich öffnest und shliesst, das machst du wirklich ser elegant, so richtig einladend.«

Doorly hatte keine sprach-chipps und antwortete nich.

»Weisst du, ich hätt wirklich lust, dir ein par nette sachen ins shloss zu flüstern . . .«

Si blib gefasst.

»Du Doorly, ich hab auch ein shlüssel bei mir, ich mein, du mit deim shloss, du weisst, di menshen ham an alles gedacht . . .«

Si lächelt! Ich hab si jez erwisht, fraun mögen erotik, und sei es unter türen. Ein buch one erotik is für eine frau wi ein vegetarishes gericht für ein hund.

Der typ versucht es noch mal:

»Also, ich würd meim freund liber was anders shenken, aber der is eine richtige leseratte. Aber es wird so vil shund produzirt . . .«

»Ah«, antwortet si flüchtig. Das sit ser gut aus. Si liest weiter.

Di hausherren kamen unerwartet zurük.

»Quilx, was machst du bei Doorly?«

»Kleine inspekzion durch das haus, sheff. Wollt nur mal shaun ob alle türen richtig auf und zu gen.«

»Du hast da keine inspekzionen zu betreiben. Deine arbeit is, zwishen der küche und dem wonzimmer zu bleiben!«

»Ja, sheff.«

Quilx postirte sich wider und träumte. Er war hin und mit von diser Doorly, mit irem shwarzen lak und irer endlosen eleganz beim sich öffnen. Ganz zu shweigen vom griff, mit seinen geshwungenen kurven, die so gut in der hand ligen.

Der typ legt shon wider los, er tut mir shon fast leid:

»Di überlegen shon ob si di Diana seligsprechen sollen. Dabei ging s bei disem reitlerer auf und ab . . .«

Si will sich nich mer von ihm stören lassen. Si nimmt mich mit zur kasse. Wird si den preis zalen? Ich bin doch nich teuer, vor allem für di menge an wörtern di ich mit bring. Si zalt, stekt mich in di tashe.

Tshüss, ir alle, meine brüder und meine leidensgefärten! Lebt wol und seid käuflich!

In der u-ban is es zu voll, um mich zu lesen. Macht nix, ich hab shon große pläne: ich werd gelesen werden und si wird mich mitten ins regal stellen. Oder noch besser, si leit mich ihren freunden aus, ich ge von hand zu hand, und alle vergnügen sich mit mir. Oder vileicht wär das doch nich so richtig sozial, am besten si holt auch meine brüder da raus. Runter vom stapel und vershenkt si.

Und ich sez mich zur rue, wi s sich für ein buch gehört, das seine bestimmung im leben erfüllt hat.

CHRISTIAN KRACHT

Fünf Briefe, die ich noch nicht beantwortet habe

> *Jeder Widerstand gegen die Postmoderne ist*
> *antidemokratisch.*
> Rem Koolhaas, *Stadt ohne Eigenschaften*

Eins

JStVA
Stadelheim
Lieber Christian,   1. 11. 1995

Es ist zwar schon 22 Uhr, aber die Scorpions haben mich in eine richtige Schreibstimmung versetzt. Tjaja, ich habe die Musik entdeckt. Ich muß gestehen, zur Zeit höre ich ganz extrem nur »Schnulzen« (ich mag dieses Wort überhaupt nicht!!!!) oder aber richtigen Hard-Rock. Seit der schlimmen Anfangszeit nach dem überstürzten »Umzug« habe ich endlich begonnen zu leben. Vorher habe ich gar nicht gewußt, was das bedeutet. Das Leben, und vor allem die Jugend, ist so schrecklich kurz. Wenn ich später einmal zurückdenke, möchte ich nicht sagen müssen: Eigentlich habe ich alles verpaßt oder verloren. Ich glaube, ich habe einen schier unbegrenzten Nachholbedarf an Lebenshunger.

Kein Tag, keine Stunde, keine Minute darf vergehen, ohne daß ich nicht »Hurra« schreien könnte. Auch wenn mich die Leere manchmal zu erdrücken droht – ich versuche mir mein »positives Denken« zu erhalten. Es lohnt sich nicht, sich nur Sorgen zu machen.

Ich kenne jetzt so viele nette Leutchen, die einem auch mal aus der Patsche helfen. Es ist gut zu wissen, nicht alleine dazustehen. Vor nicht allzu langer Zeit war ich tagaus, tagein allein. Und dies jahrelang. Dabei geht man entweder kaputt (wie ich beinahe), oder man schafft es tatsächlich, sich an den eigenen Haaren herauszuziehen. Und in dieser Situation bin ich. Ich sitze jetzt sozusagen »auf dem Trockenen«. Und damit ist jetzt nicht nur das Aitsch gemeint.

Ich muß Dir sagen, es hat mich sehr gefreut, als Dein Brief ankam. Es ist schon irgendwie komisch. Wir hatten uns früher doch eigentlich nie viel zu sagen, auch wenn wir des öfteren mal zusammen waren. Es war stets ein unpersönliches Zusammensein. Jetzt freue ich mich jedesmal, wenn Du schreibst. Und doch kenne ich Dich immer noch nicht. Zudem haben wir uns beide verändert. Du würdest mich auch nicht wiedererkennen.

Weißt Du, ich glaube, Du hast es jetzt nicht gerade leicht. Bestimmt hast Du Dir diese Bundeswehr-Alternative anders vorgestellt. Ich kann mit Verweigerung nicht viel anfangen. Sicher, ich finde Krieg auch furchtbar. Und allein die Ausbildung zum Töten ist absurd. Nur habe ich eine positive Einstellung gegenüber der Bundeswehr. Sinn und Zweck dieser Einrichtung ist die Abschreckung. Sollte es aber doch zum Krieg kommen, hat sie ihren wahren Zweck verfehlt. Einer meiner Freunde möchte auch demnächst verweigern. Wir haben lange miteinander darüber geredet. Und ich muß sagen, die Argumente, die Kurt-Georg gebracht hat, waren nicht besonders überzeugend. Axel zum Beispiel hat sich jetzt entschlossen, seinen »Piloten« bei der Bundeswehr zu machen. Er ist keinesfalls verblendet und sieht alles realistisch.

Weißt Du, ich habe mich deshalb recht viel mit dem Bund befaßt, da ich auch recht bald im Alter bin, um eingezogen zu werden, Voraussetzung natürlich, ich sei ein Junge, und außerdem finde ich, daß es gar nicht so schlecht ist, den »jungen Herren« den Kopf mal richtigrum aufzusetzen. Deshalb, lache nicht, habe ich schon öfter mit dem Gedanken gespielt, mich freiwillig zu melden, wenn ich hier rauskomme. Einfach, um einmal diese Scheißflausen ausgetrieben zu bekommen. Leider sitze ich ja nun hier, und Mädchen sind noch nicht zugelassen.

Am 14. Dezember haben wir Volleyballturnier, und ganz verbissen trainieren wir zweimal die Woche. Angespornt zu Höchstleistungen werden wir durch den VBC Dachau, unsere nächsten Gegner, die uns beim letzten Auswärtsspiel in Dachau schlugen. Die Altstadt Dachau, die wir mit dem Gefängnisbus durchfuhren, ist wirklich richtig schnuckelig. Und besonders, wenn man noch unterhalb des Altstadtberges ist und die angestrahlte Jugendvollzugsanstalt betrachtet, von »draußen« quasi, bekommt man so ein anheimelndes Gefühl.

Diese Woche gab es Pizza. Und im Sommer bekommen wir ab und zu Eis. An Silvester gibt es viel nachzufeiern, und du kannst dir vorstellen, was da los sein wird. Fete! Drei Aufenthaltsräume haben wir zur Verfügung gestellt bekommen. Vier große Boxen werden uns mit Musik versorgen. Ich hab' Wolle mal angedeutet, daß du so gern Klassik hörst und es liebst, in die

Oper zu gehen. Also, den genauen Wortlaut kann ich nicht wiedergeben, aber auf alle Fälle wird jemand seinen ganzen Ehrgeiz daran setzen, falls du mich besuchen kommen darfst, dich umzustimmen. Schätze, er grübelt jetzt Tag und Nacht, wie man das anstellen könnte. Denn Wolle packt es nicht, wenn einer nicht Deep Purple, Simple Minds und Brian Adams hört!

So, gleich drehen sie das Licht aus, und ich muß in die Heia. Laß es Dir so gut wie möglich gehen.

Deine Suse

Zwei

Sehr geehrter Herr Kracht! 21. 8. 1989

Ich lebe in der Sowjetunion in Leningrad. Mein Vorname ist Anna. Ich habe eine Bitte an Sie.

In einer Jugendzeitung las ich, daß Sie ein Freund des bekannten deutschen Sängers und Komponisten Dieter Bohlen sind. Er ist in der Sowjetunion sehr populär. Sein Duett »Modern Talking« war hier besonders populär in den Jahren 1986–1987. Ich erfuhr, daß Dieter eine neue Gruppe bildete und daß er bei Hamburg wohnt.

Sicherlich wissen Sie, daß er in der Sowjetunion war. Er und seine neue Gruppe besuchten Leningrad. Aber ich sah ihn nicht, weil ich damals kranke war.

Ich las von Dieter Bohlen viel und hörte viel seine Musik. In jenem Zeitungsartikel las ich über seine große Arbeit und Tätigkeit. Ich glaube, daß Dieter ein tapferer und ehrlicher Mensch ist. Ich stelle mich ihn oft vor. Einmal widmete ich ihm ein Gedicht.

Sicherlich ist er der bezauberndste und der freundlichste Künstler der Welt. Die Menschen in unserem Land lieben seine schöne Musik. Dieter ist ein wunderbarer Komponist.

Ich bitte Sie, mir zu helfen. Ich möchte ein Autogramm von Dieter Bohlen durch Sie bekommen. Bitten Sie ihn bitte um ein Autogramm für mich. Das ist meine Bitte an Sie.

Ich weiß, daß Sie viele Arbeiten haben. Entschuldigen Sie bitte meine ungewohnte Bitte! Wird Dieter Bohlen in der Sowjetunion noch einmal kommen? Wird es vielleicht werden?

Ich kenne leider fast nicht die neue Gruppe von Dieter Bohlen, aber ich glaube, daß sein Talent und sein Fleiß sie bald sehr populär nicht nur in der BRD, sondern auch in der ganzen Welt machen. Ich wünsche ihm von ganzen Herzen Erfolg.

Auf Wiedersehen.

Noch einmal entschuldigen Sie bitte meine ungewohnte Bitte und Fehler,

Anna.

Drei

An Herrn Christian Kracht
Hamburg

betrifft: Renovierung Ihrer Wohnung Keplerstr. 12
(1. Stock links) gemäß Mietvertrag vom 2. 7. 1990

Sehr geehrter Herr Kracht,
nach der gemeinsamen Abnahme Ihrer Wohnung mit
Herrn Mier und unserem Haushandwerker sind, ent-
sprechend unserer Absprache, daß ich die Arbeiten or-
ganisiere, folgende Arbeiten ausgeführt worden:

1. Streichen der Wohnung (Wände,
   zerschlagene Türen)   757,50 DM
2. Material für Farbe etc. (das Material
   für das Abspritzen der gesprungenen
   Türfacetten und die Farbe für die
   Türen werden von uns getragen)   81,95 DM
3. Säubern Küche, Wohnung, Bad
   nach den Malerarbeiten   70,00 DM
4. Feines Abschleifen und Neuver-
   siegeln des Parketts   650,00 DM
5. Abschlag für nichtreparable tiefe
   Schrammen, Zigarettenlöcher und
   chemische Verätzungen auf dem
   Parkett   300,00 DM
6. Zerstörter (eingetretener) Briefkasten   50,00 DM
7. Für nicht bezahlte Miete September
   und Staffelerhöhung von DM 45,–
   für leer werden einbehalten   1475,00 DM
8. Verwaltungsgebühr für frühzeitige
   Kündigung   400,00 DM

9. Zerstörte (eingetretene) Toilette und Spülkasten	1200,00	DM
10. Aus der Wand herausgerissene Klingel und Telefonleitung	560,00	DM
Summe	5544,45	DM

Bei Verrechnung der Septembermiete gegen den Restbetrag aus Ihrer bei uns verbleibenden Mietkaution von 3875,26 DM verbleibt ein Restbetrag von 1669,19 DM, der an uns zu zahlen ist.

Mit freundlichen Grüßen und viel Erfolg
Dr. Gerda Basse
Verwalterin

P. S. Bitte schicken Sie mir eine unterschriebene Kopie dieses Briefes zurück.

Vier

My dear Christian Kracht,

How are you? I am quite well heare. I hope you are also same there. I think you will be forget me because when you was going in your contry. That time you make promise with me. I write you letter and I send your naked photographs also you dont dolaike that. Maybe in your contry like this custum.

Anyway just anforchunetly i meat with Anite & Philip in frunt the Rambagh Palace. They are very nice proson. In my openian i give him very nice sarvice better than you because they are your frind. I expen two dayes with him also naked and he and Anite take many pictuer. Espeshially nice of the one with big & warm fur and the many time we put the glue on our bodie and rolling in talcum powder. So we can be white as same as black. Of him (Philip) also he promise me photograph, money, walkman, and Ray-Ban Sunglass.

If you have little taime for me please write me a letter & send our photgraphs. Also I would like a Sony-Stereosystem that is portible for listening CD and cassette. Remember this you promes to me last time.

Happy Crismus Day
Best wishes for new Year with all may Love,
Your Friend

Tim

Fünf

Lieber Christian Kracht   Freiburg, den 4. Juni 1997

Seit einiger Zeit verfolge ich mit relativem Interesse Ihre Arbeit als Autor und Journalist. Ich schreibe Ihnen – um es klar & gleich zu sagen – mit einem Anliegen: Ich habe den Anfang einer Geschichte beigelegt und möchte Sie bitten, das Ding anzulesen und mir zu sagen, ob es etwas taugt, ob es eine gute Geschichte sein könnte. Ich habe vielleicht zwanzig solcher Geschichten in der Schublade liegen, und obwohl sie alle mehr oder weniger das gleiche behandeln (das Studentenmilieu), halte ich diese für eine meiner besten Sachen. Ich weiß, daß Sie sicher viele solcher Anfragen bekommen, fände es aber super, wenn Sie sich die Zeit nehmen würden und mir Ihre Meinung sagen würden. Ablehnung ist auch in Ordnung. Okay, jetzt geht's los.

An diesem Abend ging ich zu Isabellas Red-Bull-Party, aber ich ging nicht gern. Die Einladung war schon schlimm genug gewesen. Sie bestand aus einem kunstvoll gefalteten, weißen Stückchen Papier, auf dem nur das Wort »Come« geschrieben stand. Als ich es endlich entfaltet hatte, rieselten ungefähr vier Gramm Kokain aus dem gefalteten Zettel auf meinen hellbeigen Langhaarteppich.

Eigentlich hatte ich – mit dem Spruch »Zehn Jahre rechts, zwei Jahre links« – gerade schon vom lilafarbenen Plastikdeckel der Toilette, oben im zweiten Stock des Studentenwohnheims, eine zirka dreizehn Zentimeter lange Linie von meinem eigenen Vorrat in mein linkes, etwas größer gewachsenes Nasenloch gezogen, wobei ich noch von Lars, dem norwegischen Chemie-Erstsemester, zur Eile gedrängt worden war, der heftig klopfend an die Klotür bullerte. Er hatte nach einem Meta-Amphetamin-Selbstversuch Brechdurchfall bekommen und entlud sich nun, weil ich die Tür nicht rechtzeitig aufmachte, in den Flur, was übel roch und aussah.

Ich beugte mich also über den Teppich, um wenigstens noch ein paar der zwischen den Flusen versickerten Bröckchen zu erhaschen. Draußen auf dem Flur klingelte indes das Telefon, und als ich, die Einladung noch in der Hand, auf den Flur raste, um den Hörer abzunehmen, stolperte ich über meinen Staubsauger, in dem ich das letzte halbe Kilo aufbewahrt hatte. Dieser begann nun zu brummen, und da ich die Röhre vorne nicht aufgeschraubt hatte und versehentlich über den Kippschalter gefallen war, jaulte der Staubsauger auf und pustete immer größere Mengen meines Vorrats durch die bereits geöffnete Tür in den Flur, direkt Lars ins Gesicht, der japsend und stöhnend auf dem Fußboden lag. Lars machte die zuckenden Augen auf, und als er merkte, was ihm da ins Gesicht blies, fing er an zu grinsen und fuhr, während ich fluchend das Telefon abnahm, mit beiden Händen durch das plötzlich entstandene Schneegestöber und stopfte sich mit beiden Händen die umherwirbelnden Kokainflocken in den Mund.

»Scheißnorweger, Mann!« fluchte ich. Und dann, ins Telefon: »Ja, hallo?«

»Hier isch der Ulli. Du kommsch doch au nachher auf d'Red-Bull-Party von der Isa.«

Ich nickte vor mich hin und sah, wie das herumfliegende Kokain nun endlich zur Ruhe gekommen war, und zwar in der Erbrochenenlache von Lars und auf seinem Gesicht. Lars selbst lag röchelnd und katatonisch, mit blutendem Kokainschaum aus Mund und Nase rinnend, auf dem Fußboden des Flures, die Arme und Beine senkrecht in die Luft hochstehend. »Oh, Gott«, dachte ich.

»Hey, bischt no da?«

»Ähh, ja klar. Was gibt's?« Aber ich wußte es schon.

»Weisch, du schuldesch mir no es halbs Kilo. Des bringscht am beschte heute abend mit auf d'Red-Bull-Party. Wenn nicht, dann brech ich dir beide Füß ab und tu sie dir ins Arschloch schiebe. Isch des klar?«

»Ja, Ulli, klar.« Ich hängte auf. Inzwischen war Lars gestorben.

Ich merkte das daran, daß, als ich ihn wie sonst in ähnlichen Situationen in den Schritt trat und ihn anschrie: »Das kommt auf deine Monatsrechnung, du Arschlappe, diesmal wird's richtig teuer!«, gar keine

Reaktion mehr kam. Dumm, daß das alles ausgerechnet vor meiner Tür stattfindet, dachte ich, als ich in die aufgerissenen Augen der acht Koreaner sah, die alle aus ihren Zimmern schauten.

Bo-Deng, den ich schon mehrmals wegen seiner guten Verbindungen zur ortsansässigen Schutzgeldszene um Rat gebeten hatte, machte mir mit seiner linken Augenbraue bedeutsame Zeichen, die ich nicht verstand. Also versuchte ich erstmal, so locker wie möglich dazustehen und – ein anderer Koreaner war gerade dabei, am Telefon eine kurze dreistellige Nummer zu wählen – so unauffällig wie möglich mit meinem noch nackten rechten Fußzeh den Telefonstöpsel herauszuziehen.

Ich sagte »Hey, hey, hey, is doch irgendwie gar nichts passiert hier, oder, ich mein, ihr kennt doch den Lars, der treibt's halt ab und zu mal etwas zu bunt. Und wißt ihr was, Jungs, jetzt kommt ihr alle erst mal mit in mein Zimmer, und dann gibt's was kleines Feines für die Laune, gell?«

Bo-Deng schaute mich böse an und schüttelte ganz kurz den Kopf. Ein paar Schuppen fielen auf sein graues Unterhemd. Ich verstand nicht, was er wollte, bis ich das Messer in seiner Hand aufblitzen sah.

Er schrie »Koooh-Kaaah-Innn! Ga!« Das Messer wirbelte durch die Luft. Bo-Deng warf sich auf den Boden, hielt sich das linke Nasenloch zu und begann die rot-weiße Blutsuppe aufzurüsseln. Das scharfe koreanische Ginzu-Messer verfehlte mein Ohr um Haaresbreite, und während sich jetzt alle acht Koreaner winselnd und kreischend über das widerwärtig aussehende Gepansche auf dem Fußboden hermachten, schnappte ich mir meine Reisetasche mit den zweitausendfünfhundert weißen Dove-Pillen, warf mir meinen Kamelhaarschal um und rannte aus dem Studentenwohnheim zum Taxistand, ohne mich noch einmal nach den Koreanern oder nach dem toten Lars umzusehen.

»In die Rohrbacher Straße sieben«, mümmelte ich den Fahrer an. »Zur Red-Bull-Party. Schnell.«

Ich hoffe, es hat Ihnen gefallen, und würde mich sehr freuen, von Ihnen zu hören,

Ihr

Robert von Ostenkampf

HANNS-JOSEF ORTHEIL

Wenn ich am Meer sitze ...

Immer, wenn ich ans Meer komme, nehme ich mir vor, noch einmal die »Odyssee« zu lesen. Ich sitze vor dem weiten, kaum bewegten Blau, und irgend etwas läßt mich an Homer denken. Vielleicht reizt mich die Unendlichkeit der großen Fläche, oder ich sehne mich danach, dieser verschwiegenen Materie näherzukommen. Irgendeine Magie jedenfalls verlangt in solchen Momenten nach Odysseus, als hätte ich gerade in dieser fremden und entfernten Gestalt einen Vertrauten, der mir helfen könnte, die rätselhafte Erscheinung vor meinen Augen besser zu verstehen.

Seltsam ist nur, daß ich mich an die Heldentaten des großen Seefahrers kaum noch deutlich erinnere; einige Details habe ich wohl im Kopf, aber die richtige Reihenfolge der Abenteuer bringe ich nicht mehr zusammen. Dabei habe ich mich in meiner Schulzeit monatelang mit der »Odyssee« beschäftigt. Es war ein nicht enden wollendes, zähes Ringen, ein Kampf um jedes altgriechische Wort, der aber letztlich nur dazu führte, daß ich die eigentliche Geschichte völlig aus den Augen verlor. Immer stummer und hilfloser lasen wir Schüler Zeile für Zeile, die wenigen aufgelesenen Krümel wie Kostbarkeiten sammelnd.

Wir gaben uns große Mühe, Homer zu verstehen, doch was dabei herauskam, war eine Sprache, die nirgends sonst auf der Welt gesprochen wurde, ein merkwürdiges Kauderwelsch, als wären wir plötzlich nicht mehr in der Lage, einen einzigen vernünftigen deutschen Satz zu bilden. Lasen wir aus unseren Übersetzungsproben vor, wurden wir zu Stotterern, blieben in den krummen Satzgewinden hängen und schüttelten uns schließlich vor Abscheu vor den eigenen Worten: »Höre nun, Du da, Poseidon, der da die Erde bewegt, Du da mit schwarzem Haar!«

So etwas war kein richtiges Deutsch, sondern eine Art Humanistensprache, steif, umständlich und trokken, als habe man die deutschen Worte in eine ätzende Lösung getaucht. Manche Sätze waren durchzogen von starren Formeln, die immer wiederkehrten und mit jedem Gebrauch nichtssagender wurden; andere wurden dem Original zuliebe zurechtgebogen, als hätte Homer verlangt, Wort für Wort in ein Schauerdeutsch zu übersetzen: »Den Mann nenne mir, Muse, den viel herumgewendeten, der gar lange und viel umhergetrieben wurde, nachdem er Troja, das heilige, ausgelöscht gemacht haben durfte ...«

Vor lauter Mühen mit der Grammatik begriffen wir bald längst nicht mehr, was wir lasen. Daß es in Homers Geschichte um einen leibhaftigen Menschen ging, der auf dem Weg in die Heimat viele Abenteuer zu bestehen hatte, hatten wir zwar gehört, doch waren uns diese Abenteuer so fern, als sei Odysseus nur eine Erfindung von Griechischlehrern, die mit seiner Hilfe den Unterricht beleben wollten. Ganz danach sah es nämlich uns, als man uns schließlich sogar anstiftete, das hölzerne Deutsch in Spielszenen vorzutragen. Die Spielszenen sollten unserer angeblich mangelnden Vorstellungskraft nachhelfen, sie sollten die Phantasie abdriften lassen und unseren eigenen, freien Umgang mit den dürftig sprudelnden Quellen beweisen.

Und so rotteten wir uns zu Odysseus' Gefährten zusammen, trieben die Schafe des Riesen Polyphem mekkernd und schreiend in eine Ecke der Höhle, kletterten über Tische und Bänke, klammerten uns an den Unterseiten der Stühle fest und ließen uns, als hingen wir wahrhaftig an den Bäuchen der Tiere, aus der Höhle des Riesen ins Freie schieben. Und als die Dingsda, die frühgeborene, da dort, die rosenfingrige Eos morgenrötig erschien, da nun aber zündeten wir ein Feuer an und begannen, das gutrunde Vieh zu melken, alles nach seiner Art...

Das Sitzen am Meer bringt einen auf Gott weiß was für Gedanken! Plötzlich ist die halbe Schulzeit wieder da, mit ihren Kakaotüten, Geo-Dreiecken und Tintenpatronen! Es war eine unvorstellbar langsam vergehende Zeit, und die Langsamkeit war eine Folge des noch langsameren Lernens. Wochen und Monate für ein paar Zeilen Homer, ein Jahr für »Faust I«, und zwischendurch, in den Ferien, kam einem immer wieder alles abhanden, so daß man von vorn anfangen mußte. Man bekam einen Heißhunger auf etwas Ganzes, ein ganzes Stück Text, einen Text am Stück, man sehnte sich richtiggehend danach, einmal wieder wie ein normaler Leser lesen zu dürfen!

Aus solchen Wünschen entstanden damals auch unsere Bitten um eine Art Auszeit in der Homer-Exegese. Statt noch länger das altgriechische Original zu traktieren, wollten wir uns an eine deutsche Übersetzung halten, für zwei oder drei Wochen, um wenigstens einmal ein längeres Stück ohne dauernde Unterbrechungen mitzubekommen. Was war das eigentlich für eine Geschichte, die uns so unlesbar und kantig erschien, war es nicht möglich, bis zu ihrem zweifellos packenden Kern vorzudringen, zu ihrer Seemannsfassung gleichsam, die doch jahrhundertelang die Zuhörer und Leser beschäftigt hatte ...?

Wenn ich am Meer sitze und mich an Odysseus erinnere, ist von dieser Fassung vor allem das Bild des Helden geblieben, das Bild eines gebräunten, kräftigen und zähen Menschen, der seine Gefährten immer wieder zu Höchstleistungen antreibt. Dieser Odysseus lebt nur auf dem Schiff, er packt das Ruder, rafft die Segel und schaut nach Sonne und Sternen. Vielleicht ist er kein Mensch, vielleicht ist er eher eine mit den Jahren verwilderte Wassergestalt, die nirgends ankommen will, die vielmehr auf unheimliche Weise mit dem Wasser vermählt ist, mit Armen aus Tang und Wimpern aus Schlamm. Eine dicke Salzschicht hat längst seinen Körper überzogen, jeden Morgen klopft er sie ab, und sie rieselt wie ein Schuppenpanzer zu Boden. Dann lacht er dämonisch, als gehörte er längst zu einer anderen Art Wesen, unverwundbar und selbst von den höchsten Wellen nicht zu bezwingen. Seine Gefährten ducken sich, wenn sie dieses Lachen hören, sie wissen längst, der Alte ist nicht mehr richtig im Kopf, aber sie halten sich trotzdem an ihn, weil er instinktiv weiß, wie man jede Gefahr meistert.

Ich sitze also am Meer und stelle mir Odysseus als eine Art menschlichen Poseidon vor, als einen Meergott, nur nicht so dick und göttlich, sondern eben menschlicher, schlanker. Odysseus ist der, der es geschafft hat, sich mit dem Meer zu verbinden. Er taucht nicht nur für Stunden hinein, er hat überhaupt nicht nötig, darin zu schwimmen, er ist vielmehr ein Teil des Meeres, ein Meergeschöpf. Am Meer sitzend, wünsche ich mir nichts so sehr, wie zu einem Meergeschöpf von der Spezies des Odysseus zu werden, ohne allzu viele Verwandlungsriten, ohne den Zuwachs von Schwimm-

häuten und Flossen und ohne das ganze Unterwasser-
gehabe, schließlich war Odysseus beileibe keiner von
jenen Tauchern, wie sich vor meinen Augen da gerade
wieder welche aufmachen zu einem weiter draußen lie-
genden Muschelriff...

Und ich lasse sie tauchen und spreche die geflügelten
Worte: »Törichte! Was glaubt ihr, drinnen da, im dun-
kelbegeisterten Meere, zu finden an allerhand Heran-
getriebenem? Kümmert Euch nicht um dieses da oder
jenes, sondern erinnert Euch lieber der Worte des edel-
mütigen Odysseus garselbst, der da sagte, daß im viel-
umwindenden Meere alles reich sei an Gefahr...«

Auf Sätze dieser Stillage stießen wir Schüler, als wir
uns auszuruhen hofften von der Lektürefron. Es waren
Sätze des Altphilologen Wolfgang Schadewaldt, der
sich vorgenommen hatte, die »Odyssee« zu übersetzen. Erstaunt stellten wir fest, daß auch Schadewaldt
jenes seltsame Deutsch schrieb, das uns von unseren
mediokren Übersetzungen sehr vertraut war: »Was für
ein Begehren hat dich, Heros Telemachos, hierher geführt... über die breiten Rücken des Meeres? Ein öf-
fentliches oder ein eigenes? Dieses sage mir unfehlbar!«

Unfehlbar wußten wir Schüler vor allem zu sagen,
daß auch Schadewaldt uns nicht helfen konnte. Aufregender war schon, daß irgendeiner aus unserem Kreis
in einem dubiosen Kino der Stadt eine Verfilmung der
»Odyssee« gesehen hatte, angeblich mit Kirk Douglas
als Odysseus. Odysseus als Amerikaner? Auch damit
kamen wir nicht zurecht, wir wollten unseren humani-
stischen Helden gar nicht so lauthals und rauhbeinig
agieren sehen, wie es uns Kirk Douglas vor Augen geführt hätte. Aus lauter Bildungshygiene legten wir
Wert darauf, daß uns sein humanistisches Pathos erhalten blieb. Am liebsten wäre uns gewesen, er hätte auf

einer Art Opernbühne für uns gespielt, in artigen Dekorationen, untermalt von einer reißerischen Meeresmusik, so daß die ganze Geschichte in gut zwei Stunden vorbei gewesen wäre ...

Wenn man lange am Meer sitzt, wird man mit der Zeit taub. Ich weiß nicht, ob es schon jemandem aufgefallen ist. Der Blick heftet sich so sehr an das immer monotoner werdende Blau, daß die anderen Sinne dieser Anspannung folgen. Sie werden schwächer und schwächer, man hört und fühlt nichts mehr, man wird zu einem Unterwasserwesen, mit schweren, langsamen Zeitlupenbewegungen, einem unendlich verzögerten Blinzeln, einem kaum merklichen Zittern der Lippe. In solchen Zuständen rückt Odysseus einem noch näher, er hat einen besonderen Sinn für matte, willenlose Gesellen, Gesellen wie seine Gefährten, er vergleicht seine Ausdauer und Stärke mit dieser Meereshypnose, die einen schwach macht und müde.

Dann, ganz plötzlich, ist er sehr nah, und dann spricht er ganz anders, nicht in diesem Schadewaldt-Deutsch, das mich ja sofort aufwecken würde, sondern so, als hätte man das Schadewaldt-Deutsch durch eine feine Spur klaren Honigs gezogen: »Edler Laertiad, erfindungsreicher Odysseus, / Welche noch größere Tat, Unglücklicher, wagest du jetzo? / Welche Kühnheit, herab in die Tiefe zu steigen, wo Tote / Nichtig und sinnlos wohnen, die Schatten gestorbener Menschen?« Verse solcher Art säuselt mein Hypnose-Odysseus vor sich hin, Verse wie leise summende Musik, Verslein um Verslein, als hätte der Übersetzer sie einer winzigen Welle zur Krönung aufgesetzt und als trieben sie nun alle zusammen auf einem Claude-Lorrain-Meer, einem Meer aus lauter weißen Wellenkringeln, in das nie ein richtiger Sturm sich zu fahren getraute ...

Der Erfinder dieser Opernarienübersetzung ist Johann Heinrich Voss. Irgendwann, an einem schönen Herbsttag, stieß ich während eines Flohmarktbesuchs auf den dunkelgrünen Band mit dem goldenen Aufdruck. Er hatte mehr als vierhundert Seiten und kostete ganze zehn Mark. Das war nicht zuviel für eine Hypnosefassung der »Odyssee«, nicht zu fern vom Original und doch so, als hätte da einer zumindest versucht, dem Deutschen etwas Musik abzugewinnen. Schon beim ersten flüchtigen Durchblättern fand ich, daß Odysseus seine humanistische Weihe nicht verloren hatte, im Gegenteil, er sprach jetzt endlich so, wie wir Schüler ihn uns immer vorgestellt hatten: wie ein Sänger in hohem Alter, der seine geflunkerten Abenteuer gerade noch mühsam zusammenbrachte, manchmal nur abgedroschene Formeln erfand, sich aber sonst an die Melodie seines Singsangs hielt, an diesen immer gleichen Rhythmus, der ihm weiterhalf, von Gesang zu Gesang ...

Die Voss-Übersetzung galt unter uns Schülern bald als eine Sensation. Kamen einem die metrischen Klänge über die Lippen, erhielt man das höchste Lob. Wie im Traum hatte man zu einer homernahen Fassung gefunden, man durfte nur nicht gleich mit ihr herausrücken, sondern mußte so tun, als hätte das griechische Original den eigenwilligen deutschen Tonfall ganz ohne das Zutun des Sprechers herbeigezwungen.

Seltsam, das stille Meer bringt einen manchmal zum Lächeln, vielleicht, weil man sich gerade angesichts der Stille an etwas Komisches oder Beruhigendes erinnert. Meeresbetrachter haben oft den zufriedenen und in sich versunkenen Gesichtsausdruck von Säuglingen, so etwas fällt einem auf, wenn man Stunden am Meer liegt. Und pickt man sich nicht am Meer gerade solche Szenen des eigenen Lebens heraus, die eine heimliche

Euphorie auslösen, als regte einen die Weite an, nur noch das leise Wohlsein zu suchen?

Mein dunkelgrüner Band mit dem goldenen Aufdruck »Homers Odyssee« war ein zwar viel benutztes, aber doch noch ehrwürdiges Prunkstück. Manchmal fuhr ich mit der Handfläche über den glatten, abgewetzten Ledereinband, der sogar einige Kratzspuren aufwies. Ich dachte nicht an seinen früheren Benutzer, warum auch, es war unmöglich herauszubekommen, wer diesen Band einmal besessen hatte. 1908 war er gedruckt worden, von den Kaiserlich-Königlichen Hof-Buchdruckern Winiker und Schickhardt in Brünn, die Verlagsbuchhandlung Carl Konegen und Ernst Stülpnagel hatte den schönen Band in Wien verlegt.

Meine Ausgabe hatte also ein ehrwürdiges Alter, in ihrer dunkelgrünen Vornehmheit paßte sie zu den Vossischen Versen, die ja ebenfalls etwas Getragenes, Weihevolles hatten. Eine feine, vorsichtige Hand hatte hier und da einige Verse angestrichen, mit Bleistift. Es waren schwache, senkrechte Striche am Rand, manchmal wohl durch ein leises Zittern etwas verbogen, selten mit Nachdruck. Das also war die Hand des ehemaligen Besitzers, der sich vielleicht die schönsten Verse markiert hatte, Verse, die er bei einer erneuten Lektüre rasch auffinden wollte.

Manchmal schaute ich mir genauer an, was mein Vorgänger da so hervorhebenswert gefunden hatte, die meisten angestrichenen Sätze waren Sätze aus der großen Unterwelt-Szene, der Szene, in der Odysseus den Seelen der Toten begegnet: »Edler Laertiad, erfindungsreicher Odysseus, / Warum verließest du doch das Licht der Sonne, du Armer, / Und kamst hier, die Toten zu schaun und den Ort des Entsetzens?« Hier waren sogar einzelne Verse unterstrichen, ich schaute, ob ihre Auswahl einen tieferen Sinn ergab, doch ich konnte nichts finden.

Was ich statt dessen beim Blättern fand, war ein kleiner, pergamentener Zettel. Auf dem Zettel stand nur eine einzige, knappe Bemerkung: »von TM für den Tod in Venedig verwendet«. TM?!...

Wenn man am Meer liegt, denkt man leicht an Thomas Mann, die Szene hat seit Viscontis Verfilmung von »Tod in Venedig« längst etwas Klassisches. Gustav Aschenbach liegt da, hingestreckt in seinem Liegestuhl, das vertraute Meeresanblickslächeln huscht über seine Lippen, während vor seinen Augen die Spiegelbilder des Todes tanzen, der schöne Tadzio als Unterweltführer. In meinem Fall haben diese Bilder jedoch nichts von einer rasch verfliegenden Erinnerung, in meinem Fall haben sie etwas Kritisches.

Als ich den kleinen pergamentenen Zettel entdeckte, fahndete ich weiter. Eine Notiz auf der Innenseite des hinteren Buchrückens ließ mich meine Spur leicht verfolgen. Dort stand: »TM Bibliothek«, darunter eine winzige Zahl, die Nummer Achtundsiebzig: Ich hatte auf einem Flohmarkt genau jene Homer-Ausgabe erworben, die Thomas Mann sich für die Arbeit an »Tod in Venedig« gekauft hatte.

Seit ich von diesem Zusammenhang wußte, benutzte ich die Voss-Übersetzung nicht mehr. Irgendeine fremde Macht war zwischen Homer und mich getreten, irgendeine Stimme, deren opernarienhaftes Tönen mich plötzlich an Thomas Mann denken ließ, an diesen näselnden, säuselnden Duktus, der mir mit einem Mal so vorkam, als sei er aus Vossens Homer-Deutsch entsprungen ... Vielleicht war ich einfach erschrocken, gerade in den Unterweltszenen auf Thomas Mann gestoßen zu sein, vielleicht kam mir dieses rein zufällige Zusammentreffen wie eine unheimliche Begegnung vor, die einen warnte, weiter zu lesen und weiter zu fragen.

Wenn ich am Meer liege, wünsche ich mir einen Homer, der mit Thomas Mann nichts zu tun hat. Ich wünsche mir meinen Schul-Homer wieder zurück, eine einfache und naive Geschichte, von mir aus auch mit Kirk Douglas. Denn das stille und blaue Meer, da bin ich mir ja ganz sicher, verträgt keinen Thomas Mann, wohl aber so etwas wie Rauhbeinigkeit.

Aber ich weiß, es wird ganz unmöglich sein, diesen Homer wiederzufinden. Denn wenn ich am Meer liege, treiben meine Gedanken langsam fort von all diesen kaum noch erinnerten Szenen. Homers »Odyssee« verschwindet, und je mehr ich die hypnotischen Klänge von Vossens Übersetzung beschwöre, um so deutlicher taucht aus den Fluten eine andere Gestalt auf, als entstiege Thomas Mann wie Odysseus der Unterwelt. Und ich krächze: »Fürchtend, es sende mir jetzo die strenge Persephoneia / Tief aus der Nacht die Schreckengestalt des gorgonischen Unholds, / Floh ich eilend von dann zum Schiffe, befahl den Gefährten, / Hurtig zu steigen ins Schiff, und die Seile vom Ufer zu lösen; / Und sie stiegen hinein, und setzten sich hin auf die Bänke. / Also durchschifften wir die Flut des Ozeanstromes, / Erst vom Ruder getrieben, und drauf vom günstigen Winde ...«

ZU DEN AUTOREN

Birgitta Arens, geboren 1948, lebt in München, wo sie als Kinokassiererin und Journalistin arbeitet 1982 veröffentlichte sie den Roman »Katzengold«. Zur Zeit schreibt sie an ihrem zweiten Buch.

Marcel Beyer, geboren 1965, lebt in Dresden. 1991 erschien »Das Menschenfleisch«, 1995 der vielbeachtete Roman »Flughunde« und zuletzt der Gedichtband »Falsches Futter« 1997.

Monika Helfer, geboren 1947 in Au im Bregenzerwald, lebt heute zusammen mit dem Schriftsteller Michael Köhlmeier in Hohenems in Vorarlberg. Sie veröffentlichte zahlreiche Bücher, u. a. die Romane »Ich lieb dich überhaupt nicht mehr«, »Oskar und Lilli« und 1998 »Wenn der Bräutigam kommt«.

Felicitas Hoppe, 1960 in Hameln geboren, lebt als freie Autorin in Berlin. 1996 erschien ihr Debüt »Picknick der Friseure«.

Michael Köhlmeier, 1949 geboren, lebt in Hohenems in Vorarlberg. Sein umfangreiches Werk wurde mit zahlreichen Preisen ausgezeichnet. Zuletzt erhielt er 1997 den Anton-Wildgans-Preis und den Grimmelshausen-Preis. Zu seinen Werken gehören u. a. die Romane »Telemach« und »Kalypso«.

Christian Kracht, 1966 in der Schweiz geboren, aufgewachsen in den USA, in Kanada und Südfrankreich, lebt zur Zeit in Neu-Delhi. Er arbeitet als Journalist. 1995 erschien sein erster Roman »Faserland«, soeben veröffentlichte er »Ferien für immer. Die angenehmsten Orte der Welt«.

Helmut Krausser, 1964 in Esslingen geboren, lebt in München. 1989 erschien sein erster Roman »Könige über dem Ozean«, danach »Fette Welt«. Es folgten Erzählungsbände, Theaterstücke, Tagebücher, Opernlibretti und die Romane »Melodien«, »Thanatos« und zuletzt »Der große Bagarozy«.

Sten Nadolny, 1942 in Zehdenick an der Havel geboren, lebt in Berlin. Sein Werk wurde mit zahlreichen Preisen ausgezeichnet, darunter 1980 der Ingeborg-Bachmann-Preis und 1985 der Hans-Fallada-Preis. Neben seinem in alle Weltsprachen übersetzten Roman »Die Entdeckung der Langsamkeit« erschien von ihm u. a. »Selim oder Die Gabe der Rede« und »Ein Gott der Frechheit«. »Die Warnung vor dem Leser« erschien zuerst in »Die Neue Rundschau« Jg. 106,2,1995.

Eckhart Nickel, 1966 in Frankfurt am Main nach dem chinesischen Horoskop als Feuerpferd geboren, lebt und arbeitet in Heidelberg. Zu seinen Veröffentlichungen gehören »Das Malheur mit dem Fettreif« in der Anthologie »Wenn der Kater kommt« (1996) und 1997 »Flaneur«.

Sky Nonhoff, 1962 geboren, war Gitarrist und Frontman von »The Evil Postbox« und »The Failures«. Journalistische Arbeiten für »LUI«, Chelsea Hotel, Spex und die Süddeutsche Zeitung. Sky Nonhoff lebt als freier Lektor und Autor in München und St. David's, Wales. Eine Sammlung seiner Stories ist in Vorbereitung.

Hanns-Josef Ortheil, geboren 1951 in Köln, lebt heute in Stuttgart. Für seinen Debütroman »Fermer« erhielt er 1979 den Aspekte-Literaturpreis. Seitdem hat er zahlreiche Romane und autobiographische Werke veröffentlicht, u. a. »Hecke«, »Schwerenöter« und »Blauer Weg«. Zuletzt erschien der Roman »Faustinas Küsse«.

Herbert Rosendorfer, 1934 in Bozen geboren, studierte an der Akademie der Bildenden Künste und wechselte danach zum Jurastudium. Nach seiner Tätigkeit als Richter lebt er nun wieder in der Nähe von Bozen. Zu seinen bekanntesten Werken gehören »Briefe in die chinesische Vergangenheit« und »Der Ruinenbaumeister«. Zuletzt erschien 1997 »Die große Umwendung. Neue Briefe in die chinesische Vergangenheit«.

Burkhard Spinnen, geboren 1956 in Mönchengladbach, lebt in Münster. Er wurde 1996 mit dem Kranichsteiner Literaturpreis ausgezeichnet. Neben seinem Roman »Langer Samstag« liegen von ihm u. a. die Geschichtenbände »Kalte Ente« und »Dicker Mann im Meer« vor.

Patrick Süskind lebt als freier Schriftsteller und Drehbuchautor in München und Südfrankreich. Neben seinem Welterfolg »Das Parfüm« liegen von ihm u. a. »Die Taube«, »Die Geschichte von Herrn Sommer« und das Theaterstück »Der Kontrabaß« vor. Zuletzt erschien von ihm das Drehbuch »Rossini«, das er zusammen mit dem Regisseur Helmut Dietl verfaßte. »Amnesie in litteris« erschien zuerst in L'80, Zeitschrift f. Literatur und Politik, 37, 1986.

Chris Trautmann, 1964 in Oberhausen geboren, lebt als Autor und Übersetzer bei Bremerhaven. 1990 erschien im Fischer Verlag sein Debüt »Melancholie der Kleinstädter«, daneben einige Veröffentlichungen in Zeitschriften und Anthologien. 1996 war er Stipendiat der Arno-Schmidt-Stiftung.

Joseph von Westphalen, geboren 1945, studierte Germanistik und Kunstgeschichte und lebt als freier Schriftsteller und Journalist in München. Zu seinen Buchveröffentlichungen gehören neben seinen drei Duckwitz-Romanen (»Im diplomatischen Dienst«, »Das schöne Leben«, »Die bösen Frauen«) u. a. »High Noon«, »Das Leben ist hart«, »Die Geschäfte der Liebe« und zuletzt »Die Liebeskopie oder Herzensergießungen eines sehnsüchtigen Schreibwarenhändlers«.

Gabriele Wohmann, geboren 1932 in Darmstadt, schreibt seit 1957 erfolgreich Romane, Erzählungen, Theater- und Fernsehstücke, Gedichte und Hörspiele, die u. a. mit dem Bremer Literaturpreis und dem Konrad-Adenauer-Preis ausgezeichnet wurden. Zuletzt sind von ihr der Roman »Das Handicap« und der Erzählungsband »Vielleicht versteht er alles« erschienen.

zé do rock, 1956 in Brasilien geboren, bereiste die Welt, ehe er sich in München niederließ. Sein erstes Buch, »fom winde ferfeelt. welt-strolch macht links-shreibreform« (Berlin 1995, überarbeitete Taschenbuchausgabe München 1997), das 1995 erschien, berichtet nicht nur von seinen Reisen, sondern ist auch in dem von ihm selbst entwickelten Ultradeutsch verfaßt.

Birgitta Arens

Katzengold
Roman. 224 Seiten. SP 2421

Wie die Mächenprinzessin Sheherazade und die Florentiner Adelsgesellschaft des »Decamerone« Geschichten erzählen auf Leben und Tod, so tun dies auch ihre späten Nachfahren: Großmutter und Enkelin aus einem kleinen Dorf im Westfälischen. Während jene noch ihre Märchen und Novellen im Wettlauf mit dem Tod vortragen, ist dieser hier von Beginn an entschieden: Großmutter stirbt – doch mit ihr nicht die Erinnerung an ehedem, nicht die Lust der Enkelin, ihre Kindheit fabulierend an sich vorbeiziehen zu lassen. Erzählt wird von einer zukurzgekommenen Elterngeneration auf der angestrengten Jagd nach Glück. Von Papa, dem Aufsteiger ohne erlernten Beruf, von Mama, die nicht vergißt, wo sie herkommt, und stets das kleinere Übel vorzieht. Erzählt wird von der richtigen Liebe und falschen Freunden – und immer wieder vom Glück.

»Katzengold« ist eine autobiographische Fantasie, eine kunterbunte Familienchronik, ein spielerischer Roman. Birgitta Arens fügt in ihrem Roman Geschichten, Anekdoten und Erinnerungsfetzen zu einem Mosaik, das sich im Spiegelkabinett der Imagination bricht. Kolportage mischt sich mit Märchen und Mythos, die Litanei mit dem Lied, die Tragödie mit Slapstickelementen. Zeiten und Perspektiven wirbeln in bunter Folge durcheinander, Selbstreflexion verschmilzt mit Traumvisionen. »Katzengold« kommt lustig und traurig daher, witzig, trivial und elegisch, literarisch meisterlich und unterhaltend zugleich – ein humorvoller, intelligenter Roman.

»Indem sie scheinbar private Lebensaugenblicke erzählt, schreibt Birgitta Arens auch eine Geschichte der Bundesrepublik Deutschland und des gar nicht so wunderbaren Lebens der Menschen im Wirtschaftswunderland.«
Die Zeit

Sten Nadolny

Die Entdeckung der Langsamkeit
Roman. 359 Seiten. SP 700

»Dieses Buch kommt, scheint's zur richtigen Zeit. Nadolnys heute ganz ungewöhnliche ruhige Gegenposition im gehetzten Betrieb der Politiker und Literaten hat etwas Haltgebendes und unangestrengt Humanes.«

Netzkarte
Roman. 164 Seiten. SP 1370

»So unterschiedlich die Hauptdarsteller in seinen Büchern auch sind, eines verbindet sie: der besondere Blick auf das kleine Abenteuer und das große Erleben... Das Staunenkönnen zeichnet Sten Nadolnys Helden wie ihn selber aus, und er lehrt es seinen Lesern neu.«

Ein Gott der Frechheit
Roman. 288 Seiten. SP 2273

»...Jenseits der tradierten Heldengeschichten vom Götterboten Hermes spinnt Nadolny seine Handlungsfäden zu einer amüsanten göttlichen Komödie unserer neunziger Jahre weiter. Mit Hermes begreifen wir die politischen Veränderungen in Osteuropa ganz anders. Es ist der Blick des Fremden, der uns unsere unmittelbare deutsche Gegenwart mit neuen Augen sehen läßt.«

Das Erzählen und die guten Absichten
Münchner Poetikvorlesungen im Sommer 1990, eingeleitet von Wolfgang Frühwald.
136 Seiten. SP 1319

Neben den intuitiv-schöpferischen Kräften, die dem romantischen Bild des Dichters entsprechen, interessiert ihn ganz besonders die Rolle der bewußten, logisch begründbaren Erzählziele und -entscheidungen. Dementsprechend zieht er sich bei seiner Abwehr »guter Absichten« nicht hinter die unangreifbare Forderung nach schöpferischer Souveränität zurück, sondern stellt den »guten« die »notwendigen« Absichten des Erzählens entgegen.

Michael Köhlmeier

Telemach

Roman. 491 Seiten. Leinen

. Mit der Geschichte des Odysseus begann vor 2800 Jahren die europäische Literatur. Daß dieses alte Epos vom Mann, der durch die Welt irrt, von der Frau, die auf ihn wartet, und vom Sohn, der nach ihm sucht, bis heute lebendig ist, beweist Michael Köhlmeier in seiner wunderbaren Neuerzählung. Ohne Anstrengung schlägt diese Geschichte einen Bogen von der Antike in unsere heutige Zeit.

Im Mittelpunkt steht Telemach, Sohn des Odysseus, der seinen Vater nie gesehen hat. Inzwischen ist er zwanzig Jahre alt, und der Krieg, in den sein Vater zog, ist längst vorbei. Im Haus des Odysseus haben sich die Freier breitgemacht. Sie werben um die schöne Penelope, die Gattin des Verschollenen. Telemach sieht dem Treiben der Freier mit Verzweiflung, aber hilflos zu...

»Federnder Witz und schäumende Fabulierlust machen diese verfremdete Zeitexpedition zur wahren Lese-Lust-Wandelei.«

Focus

Sagen des klassischen Altertums

189 Seiten. SP 2371

Die Begriffe sind jedem geläufig: vom Ödipus-Komplex bis zur Achilles-Ferse, von den Tantalos-Qualen bis zum Trojanischen Pferd oder zum Danaer-Geschenk, was übrigens genau dieses Pferd ist. Aber wer kennt noch all die Sagen und Geschichten wirklich, aus denen sie stammen? Wer hat heute noch die griechische Mythologie im Kopf – jene wundervollen Geschichten, auf denen so viel in unserer abendländischen Kultur basiert? Homer hat sie uns überliefert, und Köhlmeier hat seinen Homer fürwahr im Kopf. Er erzählt sie uns neu – und ganz anders, als es Gustav Schwab vor über hundertfünfzig Jahren tat. Wie die antiken Sänger läßt er sich von den Ereignissen forttragen, erzählt er in leichtem und lockerem Ton die bewegenden Geschichten aus der Kindheit des Abendlandes.

Michael Köhlmeiers neue Sagen des klassischen Altertums

222 Seiten. SP 2372

Michael Köhlmeier

Moderne Zeiten
Roman. 218 Seiten. SP 1942

»Vergnüglicher kann man Zeiten und Beziehungen, Wirklichkeit und Dichtung kaum durcheinanderwirbeln...«

Neue Zürcher Zeitung

Die Musterschüler
Roman. 570 Seiten. SP 1684

In einem gnadenlosen Frage- und Antwortspiel wird eine alte Schuld wieder aufgedeckt: Vor 25 Jahren hat eine Schulklasse einen Mitschüler grausam zusammengeschlagen. Nun muß sie dafür Rechenschaft ablegen.

»Michael Köhlmeier hat Schuld und Scham, Macht und Moral nicht pathetisch hochstilisiert. Vielmehr wickelt er den vielfach verknoteten Handlungsfaden straff, ja flott ab und genießt komische Situationen und witzige Pointen. Sein Stil ist elastisch, mal trocken-lakonisch, manchmal auch bildhaft-mehrdeutig. Und, was am wichtigsten ist, er legt seine genau beobachteten und präzise charakterisierten Figuren nicht fest, sondern läßt ihnen den Spielraum, sich zu verändern.«

Frankfurter Allgemeine Zeitung

Die Figur
Die Geschichte von Gaetano Bresci, Königsmörder.
135 Seiten. SP 1042

»...eine präzise kleine Studie über die Einsamkeit des Menschen bei der Tat.«

Süddeutsche Zeitung

Spielplatz der Helden
Roman. 348 Seiten. SP 1298

»Michael Köhlmeier ist ein Schelm geblieben, darüber hinaus hat er sich zu einem Erzähler von Rang entwickelt.«

Frankfurter Allgemeine Zeitung

Trilogie der sexuellen Abhängigkeit
123 Seiten. SP 2547

In drei ganz alltäglichen Geschichten nimmt sich Michael Köhlmeier der drei klassischen Stationen auf dem Weg zwischen Liebe und Tod an: die Bewährungsprobe der Begierde, der Verlust der Liebe, verbunden mit der Raserei der Eifersucht, schließlich die Lust an der Rache, die mit dem Tod auf die Liebe antworten will. Mit ironischem und feinnervigem Gespür läßt er das Bild des verzweifelten, tragischen, verletzlichen und dabei auch immer lächerlichen Verliebten entstehen.

Gabriele Wohmann

Aber das war noch nicht das Schlimmste
Roman. 395 Seiten. SP 2559

Ach wie gut, daß niemand weiß
Roman. 281 Seiten. SP 2360

Bitte nicht sterben
Roman. 362 Seiten. SP 2142

Er saß in dem Bus, der seine Frau überfuhr
Erzählungen. 288 Seiten. SP 1772

Ernste Absicht
Roman. 281 Seiten. SP 1698

Der Flötenton
Roman. 488 Seiten. SP 2361

Was wie eine harmlose Ferienromanze beginnt, ergibt im Lauf des Romans ein abgründiges Panorama von Lebensglück und Lebenslügen durch die Generationen. Ein Meisterstück der gnadenlosen Beobachterin des deutschen Alltagslebens.

Frühherbst in Badenweiler
Roman. 176 Seiten. SP 2048

Habgier
Erzählungen. 91 Seiten. SP 1666

Ein Mann zu Besuch
Erzählungen. 280 Seiten. SP 1863

»Es sind ausnahmslos brillante Texte, und mehr als das: konzentriert und doch mit Nuancen und Zwischentönen versehen, straff gebaut, ohne daß die Konstruktion sichtbar würde, unterhaltend sogar, aber immer zwischen Ironie und Trauer.«
Neue Zürcher Zeitung

Plötzlich in Limburg
Komödie in vier Bildern. 114 Seiten. SP 1051

Das Salz, bitte!
Ehegeschichten. 296 Seiten. SP 1935

Die Schönste im ganzen Land
Frauengeschichten. 352 Seiten. SP 2463

Wäre wunderbar. Am liebsten sofort
Liebesgeschichten. 272 Seiten. SP 2304

Monika Helfer

Oskar und Lilli
Roman. 283 Seiten. SP 2165

Die ebenso heitere wie schmerzliche Geschichte zweier Kinder, die ihren Platz in der Welt suchen.

»So etwas Unsentimentales über das Zusammenleben der unterschiedlichen Generationen habe ich schon lange nicht mehr gelesen.«
Süddeutsche Zeitung

Die wilden Kinder
Roman. 155 Seiten. SP 659

»Monika Helfers Buch ist klug, witzig, klarsichtig und von der ersten bis zur letzten Zeile ein Lesevergnügen«, begeisterte sich die »Neue Zürcher Zeitung« über die Geschichten von Bella und Angela. In einer chaotischen Welt der Erwachsenen versuchen sie mit Frechheit, Phantasie und viel Mut ihre Träume vom großen Glück (Angela) und von der kleinen, aber sicheren Ordnung (Bella) zu realisieren. Mit einem nicht zu brechenden Optimismus kämpfen die Kinder zwischen Erst-, Zweit- und Drittvätern und eifersüchtigen Müttern um ihre Geschichte, um ihr Leben.

Der Neffe
Erzählung. 125 Seiten. SP 1829

Drei Wochen soll Isabella, großstädtische Exzentrikerin aus Berlin, ihren elfjährigen Neffen in der österreichischen Provinz hüten. Albert freut sich auf die Zeit der Freiheit und auf exotische Abenteuer. Nicht weniger erwartungsvoll ist Isabella: Gerade einer verunglückten Liebschaft entronnen, wittert sie in der Provinz das geeignete Revier für ein paar sexuelle Raubzüge. Doch wo zwei die gleichen Interessen verfolgen, kommt es früher oder später zum Krieg. Als Isabellas Liebhaber zum Dauergast wird, ist Alberts Toleranz am Ende... Was wie eine leichte Sommergeschichte beginnt, entwickelt sich zunehmend zu einer Horrorstory, ebenso amüsant wie verstörend, ebenso schön erfunden wie wahr.

»Eine gimmige und kurzweilige Etüde über den alltäglichen Schrecken.«
Neue Zürcher Zeitung